RELATION

DE

L'ISLANDE.

A PARIS,

Chez LOVIS BILLAINE, au second
pillier de la grand' Salle du Palais, à la
Palme, & au grand Cesar.

M. DC. LXIII.

A SON ALTESSE
SERENISSIME
MONSEIGNEVR
LE PRINCE.

ONSEIGNEVR,

Si voſtre Alteſſe Sere-
niſſime me fait l'honneur

ã ij

de m'acorder la grâce que
ie luy demanderay quelque
iour, d'escrire les Merueil-
les de sa Vie ; ie feray son
Panegirique en faisant son
Histoire : Et la narration
toute nuë des esclatantes
actions qu'Elle a faites, e-
facera tout ce que l'antiquité a dit & escrit des
plus Grâns-guerriers & des
plus Grâns-hommes des
siecles passez. En atândant,
MONSEIGNEVR,
que i'aye l'esprit râmply

du Genie, qui m'inspire v-
ne si haute pànsee ; ie Vous
suplie tres humblement de
trouuer bon que ie die en
ce lieu : Que Vos inclina-
tions ne sont pas toutes
pour la guerre : Que Vous
en auez d'aussi fortes pour
les beles letres : Et que l'ar-
deur incomparable de Vo-
stre Esprit , Vous porte
aussi auant dans les sciàn-
ces, que cele de Vostre Cœur
Vous engage dans les com-
bats.

ã iij

Trouuez bon aussi,
MONSEIGNEVR,
qu'en Vous donnant le di-
uertissemant d'vne Rela-
tion, que i'ay autrefois es-
crite à M. de la Mote le
Vayer, illustre par son ra-
re sauoir, & par le glo-
rieux employ que sa Vertu
luy a aquis aupres d'vn si
Grand Prince, qu'est le
FRERE VNIQVE DE
NOSTRE GRAND ROY,
I'entretiene V. A. ser.ᵐᵉ
de quelques reflexions que

i'ay faites , ſur ce que les
anciens Geografes n'ont
preſque rien connu du globe de la terre, ou qu'ils n'en
ont connu que de fort pe-
tites parties. Ils ont creu
que toute l'eſtàndüe de ce
globe, qui eſt entre les deux
Tropiques, & qu'ils ont a-
peléë, Zone Torride, eſtoit
inhabitée & inhabitable.
Ils n'ont ſeu du leuant, que
ce qui eſt au deça du Gange,
& preſque rien au delà, que
par preſomption & par

oüy dire. Ils ont fixé leur
couchant aux Isles fortu-
nées , qui sont aparam-
ment nos Canaries. Ils se
sont imaginez que la mer
Hiperborée , & que l'Is-
lande , dont ie fay icy la
relation , estoient les der-
niers termes de ce que l'on
pouuoit descouurir du Septàntrion. Et ne sachant que
dire de la Terre Australe,
ils l'ont telement ignorée,
qu'ils se sont figurez que c'e-
stoit la demeure des Morts,

& la fable de leurs *Enfers.*
Illam, *dit le Poëte,*
Sub pedibus Stix atra videt, Manesque profundi.
Ie ne parleray pas de quelques Peres de l'Eglise, qui ont eu de si grandes lumieres pour les choses du Ciel, & si peu de connoissance de celes de la Terre, qu'ils ne se sont peu persuader qu'il y eust des Antipodes ; & n'ont seu comprándre, par queles raisons ils estoient eux mes-

mes Antipodes à ceux qui
estoient les leurs.

I'auoüe, MONSEI-
GNEVR, que nôtre sie-
cle est beaucoup plus esclairé que n'ont esté les prece-
dàns. I'auoüe que depuis
deux cens ans, il y a eu
des Mariniers, & plus
hardis, & plus sauans
sans comparaison, que
n'estoit l'ancien Tifis des
Argonautes. Et i'auoüe que
l'on a penetré le monde
dans toutes ses parties,

beaucoup au delà de ce que
les plus celebres Geografes
de l'antiquité nous en ont
apris. Cela n'empesche pas,
MONSEIGNEVR,
que nous ne soyons toujours
dans vne profonde igno-
rance de ce qui se peut ancore descouurir , & qui
nous est inconnu de la Terre vniuersele. Ie craindrois
de passer pour extraua-
gant , si i'auançois deter-
minément , que nous n'en
connoissons que la moitié.

Mais ie diray sans hesiter,
que nous n'en connoissons
pas les deux tiers ; & que
ce qui reste à descouurir,
va sans contredit au delà
du tiers.

Il me sera aisé de le dé-
montrer quand ie diray,
que nous ne connoissons
presque rien de ce qui est
au delà des deux cercles po-
laires. Que le cercle arctique passe à l'extremité de
l'Islande Septantrionale ;
& que nous n'auons qu'é-

fleuré les bords du Groenland, au delà de la mer
Glacée, qui ſepare cete Iſle
de ce continànt. Cecy eſt
conſiderable, MONSEI-
GNEVR, que le cap
Faruel, qui eſt du Groen-
land, & au Nor-oüeſt de
l'Eſcoſſe, eſt entre le 60.
& 61.ᵐᵒ degré d'eleuation:
Et que de ce cap au pole, il
y a prés de trànte degreZ
de latitude, qui nous ſont
inconnus. Il eſt vray que
toute la côſte du Groen-

land, foit au Leuant, foit
au Couchant du cap Fa-
ruel, & dont on ne fau-
roit déterminer la longitude, n'eft pas fi meridionale que ce cap. Mais ie fu-
plie tres-humblement V.
A. fer.ᵐᵉ de fe represànter,
qu'il y a vne terre au Nort
du Iapon, que nos Geo-
grafes apelent, la terre de
Ieffo, tout à fait incon-
nuë à nos Matelots ; quoy
qu'elle foit d'vne grandeur
fi prodigieufe, qu'elle a

quarante-six degrez de latitude, sur vint & deux
degrez de longitude.

Si nous passons du Nort
au Sud, il se trouuera,
MONSEIGNEVR,
que ce qui est inconnu de
la terre Australe, est de plus
grande consequànce que ce
que nous ignorons de la
Septàntrionale. La gran-
deur de cete terre Australe, estonnera tous ceux qui
la verront descrite dans
nos cartes ; s'ils considerent,

qu'elle embraſſe les deux
Emisferes, depuis le Pole
meridional, iuſques à la
ligne Equinoctiale ; &
aux endroits où la nouuel-
le Guinée vnit les deux
horiſons. Cela ſeul, MON-
SEIGNEVR, emporte-
roit la moitié du monde,
ſi ce qui eſt entre les bras
de cete Terre, & au deçà
du cercle Antartique, ſoit
de l'Aſie, ſoit de l'Afri-
que, ſoit de l'Amerique,
n'eſtoit deſcouuert, & dans
le com-

le commerce. I'adiousteray,
MONSEIGNEVR,
à ce que i'ay dit : Que l'on
ne sait pas ancore, si le Iapon est Isle, ou Terre ferme : Et qu'il y a des espa-
ces comme infinis au delà
des Filipines, iusques à la
côste du Perou, sur les-
quels nos Geografes font
passer la mer Pacifique. Ils
inondent ce qu'ils ne con-
noissent pas ; & noyent
dans leurs Cartes, quan-
tité de peuples qui se por-

tent bien dans les terres
qu'ils habitent.

Pour dire les choſes, teles
qu'elles pourroient eſtre,
MONSEIGNEVR.
Ce qui reſteroit à deſcouurir du Globe terreſtre, i-
roit beaucoup au delà du
tiers, & aprocheroit bien
fort de la moitié, ſi la
nouuele Guinée, qui ioint
les deux bouts de la terre
Auſtrale, ioignoit auſſi la
Tartarie, & l'Amerique,
du coſté du Septàntrion,

comme il y en a qui le croyent. L'Ocean ne seroit plus
en ce cas, la ceinture de la
Terre ; au contraire, la
Terre seroit la ceinture
de l'Ocean. Et ce qui se-
roit bien surprenant, pour
ne pas dire incroyable ;
on pourroit frayer diuers
chemins, pour aler par terre d'vn pole à l'autre.

Ie ne doute pas, MON-
SEIGNEVR, que tant
de Peuples inconnus, ne
soient quelque iour con-

nus, pour auoir la con-
noiſſance de Dieu, & cele
du miſtere de ſon Fils, mort
pour nos ofánces, & reſuſ-
cité pour nôtre iuſtification.
C'eſt pour cela qu'il eſt écrit.
Daniel.7. Que tous Peuples, que
toutes Nations, & que
toutesLangues,adoreront
Ioel. 2. Dieu, & le ſeruiront. Que
Dieu verſera de ſon Eſprit
ſur tous les hommes de la
Ieremie terre. Et que tous les
31. hommes de la terre connoitront Dieu, depuis le

plus grand iuſques au plus
petit. *La meſme Eſcritu-*
re Sainte nous enſeigne,
que Dieu eſtablira vn
Roy, pour eſtre le Condu-
cteur, & le Souuerain, de
tous les Peuples de l'Vni-
uers; & pour reſpàndre la
Predication de ſon Euangi-
le dans toutes les contrées
du monde. Dieu parlant à
ce Roy par ſon Profete I- ^{Chap. 55.}
ſaie, luy dit ces paroles, tres
conſiderables à ce propos.
Tu apeleras la Nation que

ẽ iij

tu ne connoiois pas ; &
la Nation qui ne te con-
noioit pas , te deirera ,
& coura apres toy. Ce
era à-caue de moy, qui
uis ton Seigneur , & ton
Dieu ; & à-caue de mon
S A I N T , qui et le Saint
de mon peuple Irael. C'et
pour cela que ie t'ay exal-
té , & c'et pour cela que
ie t'ay gloriié.

*Ie ne croy pas , MON-
SEIGNEVR, que l'on
doiue trouuer etrange le*

zele que i'ay , estant nay
François , si ie dis que la
Profetie se doit entandre
d'vn Roy de France. I'ay
outre cela beaucoup de
raisons qui me le per-
suadent. Il me sufira de
dire , que toutes les coniectures , & toutes les apa-
rances , me font presumer
que la Profetie regarde
nostre GRAND ROY.
Car il a toutes les quali-
tez , de Maiesté, de Iusti-
ce, & de Valeur , que l'Es-
ẽ iiij

criture Sainte atribuë à ce Roy Profetique. S'il n'a pas tout le temps qui sera requis, pour acheüer vne si vaste entreprise, qu'est la conqueste du Monde; Il ouurira sans doute, & aplanira vn grand chemin à son GLORIEVX SVCCESSEVR, pour l'assuietir de bout en bout. Ce qui me fortifie dans cete croyance, est, que pour seconder les hauts desseins de nostre VICTORIEVX

MONARQVE; le
Ciel luy a donné vn Prin-
ce de son sang, tel que
VOVS; MONSEI-
GNEVR, dont les Con-
seils peuuent estre apelez,
CONSEILS DE DIEV,
comme l'Histoire Sainte
qualifie les conseils des
grâns Politiques: Et dont
L'ESPE'E aura la mes-
me vertu, qu'auoit cele de
GEDEON, contre les
enemis du nom Chrestien.
Ie n'ay pas assez de vie

*pour voir de si grandes
choses. Mais i'ay toute la
passion qu'il faut pour les
souhaiter. I'ay aussi tous
les santimàns qui m'obli-
gent d'estre auec respêt &
soumission,*

MONSEIGNEVR,

de V. A. Ser.^{me}

Le tres-humble, tres-obeïs-
sant & tres-fidele seruiteur,
LA PEYRERE.

TABLE DES CHOSES
CONTENVES AVX
Articles de cete Relation.

Fin de la Table.

A V I S,

Touchant mon Ortografe.

QVOY qu'il n'y ait rien de re-
folu pour l'Ortografe de noftre
Langue, & qu'il foit permis
à qui que ce foit de s'en faire vne,
comme il s'imagine qu'elle deuroit eftre:
Ie ne veux pourtant pas me feruir d'vne
liberté fi publique, fans ràndre raifon de
cele que i'ay prife dans ce petit Ouurage.

Ie croy que nôtre efcriture doit eftre
l'image de nôtre parole, tout ainfi que
nôtre parole eft l'image de nôtre pan-
fée. Cela eftant, Il me sàmble que
noftre Ortografe fe deuroit conformer

à noſtre prononciation, qui fait noſtre
parole ; & que l'on ne deuroit pas nous
obliger d'eſcrire par , e, ce que nous prononçons par , a ; d'eſcrire par vne letre
double, ce que nous prononçons par vne
letre ſimple ; ni d'eſcrire par, h, ce que
nous prononçons ſans aſpiration.

Cete raiſon eſt fortifiée de l'exàmple
des Italiens, dont la Langue a vne perfection plus anciene que n'eſt la perfection de la noſtre ; ſi toutefois on doit a-
peler perfection, ce que l'Vſage qui en
eſt le maître, peut changer comme il luy
plaît. Or les Italiens qui prononcent ce
qu'ils eſcriuent, eſcriuent auſsi ce qu'ils
prononcent. Et ie ne doute en façon du
mŏde, que nos anciens Peres qui nous ont
laiſſé leur Ortografe , n'ayent prononcé
comme ils eſcriuoient. Ce que i'aſſeure
d'autant plus libremeut, que les Valons
d'auiourd'huy , qui parlent ce que nous

apelons Vieux Gaulois, *prononcent ces*
mots, commencement,commende-
ment,contentement,&c. *côme ils les*
escriuent par e, *& non pas,* comman-
cemant, commandemant, contan-
temant,& c. *comme on les pronance en*
France, par, a. *Et par la raison que nous*
ne prononçons pas auiourd'huy ces mes-
mes mots , comme on les prononçoit le
temps passé ; Ie m'estonne que l'on n'ait
changé leur Ortografe , en mesme temps
que l'on a changé leur prononciation.
Car l'escriture estant , comme i'ay dit,
l'image de la parole , l'Ortografe doit
suiure la prononciation, comme l'om-
bre suit le corps.

I'auoüe que dans ces mots , com-
màncemànt, commàndemànt,con-
tàntemànt, &c. *l'*a *ne doit pas estre*
prononcé auec toute sa force. Mais il
est constant que ces mots , & leurs fam-

blables, doiuent eſtre prononcez, par, a:
Puis donc qu'il ne s'agit que de donner
vne prononciation moins forte à cet, a;
Il ſufiroit ce me ſamble , de marquer
cete maniere plus douce , par vn accent
graue , tel que ie l'ay mis ſur tous
les, à, que i'ay changez pour des, e.

Ie n'ay pas fait ce changemànt dans
tous les mots, où ſuiuant mon raiſon-
nemànt , il me ſambloit que ie le pou-
uois faire : Parce que l'on ne peut pas
changer d'abord, & tout à coup, ce
qu'vn uſage inuetcré s'eſt acquis, par
la longueur du temps qui l'autoriſe. Ie
me ſuis impoſé cete loy dans ce commàn-
mànt , de ne changer l'e, en a, par
tout où l'e, ſe prononce par a, que
dans les noms, & dans les verbes. Dans
les noms , comme , sàntimànt, rai-
ſonnemànt , changemànt , &c.
Dans les verbes , comme , apràndre,

sàntir ; pànfer, &c. *Ie laiffe l'e, dans
la prepofition , en , & dans les noms,
& les verbes où cete prepofition entre , & où elle fert de compofition.
Dans les noms , comme , entànde-
mànt , engagemànt , endomma-
gemànt , &c. & dans les verbes ,
comme , enfeigner, enfanter , en-
querir , &c. où ie laiffe , en , comme on l'efcrit ordinairement , par, e.
Ie laiffe l'e , aufsi , dans tous les ad-
uerbes, qui finiffent en, ment ; dont
le nombre eft tres-grand. Ie le laiffe a ,
temps, fens , accent, dent, cent,
&c. I'efcris ancore , par vn a; parce
qu'il eft deriué de* ancóra , *que les
Italiens efcriuent, & prononcent par
vn a.*

I'ay retranché toutes les letres doubles, de tous les mots , où elles m'ont
fàmblé inutiles. Si l'on me dit, que ces

letres doubles feruent à alonger les
voyeles qui precedent les doubles con-
fones. Ie refpondray qu'il fufit de metre fur ces voyeles vn accent circon-
flexe, pour marquer qu'elles font lon-
gues. Et les Eftrangers qui aprandront
noftre langue , y feront bien moins
embaraffez , qu'à leur donner à deui-
ner, quand il faudra prononcer les letres doubles , comme des letres fim-
ples.

Ie croy qu'il n'eft pas neceffaire de
metre aucun accent fur l'e, de ces
mots , tele , quele , bele , fidele ,
nouuele , mortele , naturele , e-
ternele , &c. Parce que l'e qui de-
uance la confone dans tous ces mots,
fe doit prononcer comme l'e de leurs
mafculins , cet, tel , quel , bel ,
fidel , nouuel , mortel , naturel, eternel, &c. Cele, *doit eftre pro-*

noncé comme, tele quele, bele, &c.
Ie laiſſe la double ll. aux pronoms, elle,
& laquelle.

I'ay retranché l'h, de beaucoup de
mots que nous prononçons ſans aſpiration. Ie l'ay retenüe à Chriſt, & à
Chreſtien, ſon deriué. I'ay fait ſcru-
pule, pour ne pas dire religion, de
toucher à vn vſage qu'vn nom ſi
ſaint a comme ſanctifié. Et noſtre, f,
ayant la meſme force, que le φ. des
Grecs, qui eſt noſtre, ph, i'ay changé
le ph, en f.

Quelque raiſon pourtant que i'aye
aleguée; ie n'ay pris cete liberté qu'en
atandant le Dictionaire que Meſ-
ſieurs de l'Academie nous ont promis;
où j'eſpere qu'ils fixeront noſtre Ortografe. Et à quoy ie me fixeray auſſi.

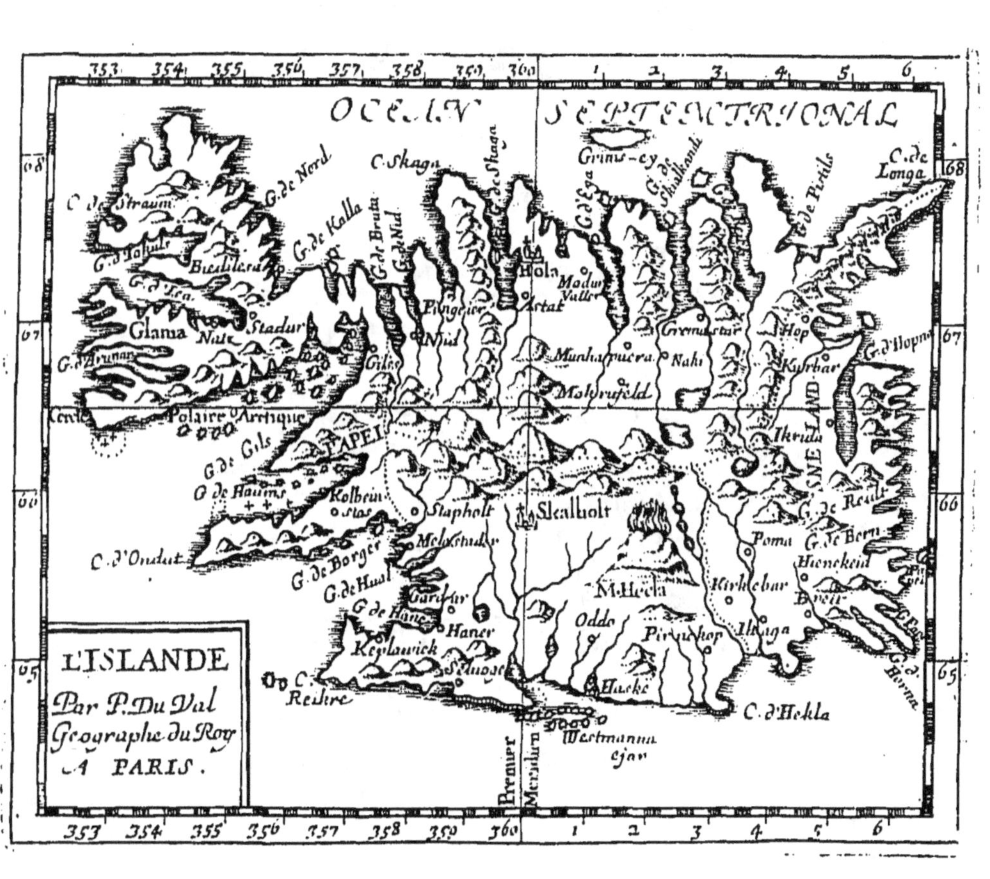
OCEAN SEPTENTRIONAL
L'ISLANDE
Par P. Du Val
Geographe du Roy
A PARIS.
C. de Straum
G. de Nord
C. Skaga
C. de Shaga
Grims-ey
G. de Skalkanta
C. de Pitils
C. de Longa
G. de Iokule
G. de Kalla
G. de Bruta
Bicableraup
G. de Nid
Hola
G. Ega
Hop
G. d'Hopni
G. de Tra
Pingeier
Madur Vallr
Grenistar
Glama
Nute
Stadur
Niul
Astat
Munhapnera
Nahi
Kyrbar
G. d'Arunar
Giles
Molvrufeld
SNELAND
Cenle
Polaire d'Arctique
Ikruta
G. de Gils
APEL
G. de Haums
Kolbein stae
Slapholt
Skalholt
Poma
G. de Reali
G. de Bern
C. d'Ondut
Melsxtudur
Hienckeil
G. de Borger
M. Hecla
Kirkebar
Breit
G. de Husl
Gareftir
Oddo
Piraphop
Iltaga
G. de Hare
Haner
C. Horna
Keplawick
Oo C. Reire
Seluost
Hacke
C. d'Hekla
Prauer Mersburn
Westmanna eyar

RELATION
DE
L'ISLANDE.
A MONSIEVR DE
LA MOTHE LE VAYER.

ONSIEVR,

I. Vous m'auez prié de vous
escrire de ce païs du Nort,

A

où nous errons depuis quelqué temps, ce que i'ay peû apràndre de l'Iſlande , & du Groenland. Ie n'ay point de plus grande paſ-ſion au monde , que de vous ſeruir, & de vous plaire. Ie vous eſcriray ce que ie ſay de l'vn & de l'autre, le mieux qu'il me ſera poſſible ; mais ce ſera-s'il vous plaiſt , l'vn apres l'autre. L'Iſlande eſt vne Iſle celebre. Le Groenland eſt vn païs de tres-grande , & de tres vaſte eſtàn-duë. Ie commànceray la premie-re des deux Relations , que ie vous ay deſtinées, par cele de l'Iſlande : Dans laquelle vous ver-rez ce que i'ay leu de particu-lier touchant cete Iſle , chez di-uers Auteurs : Et principalement

dans les oeuures d'Angrimus Ionas , Eſcriuain Iſlandois. l'eſcris
Angrimus , comme on le prononce , & non pas *Arngrimus* , comme il eſt imprimé ; parce qu'on
a trop de pêne à le lire. Ie vous
raporteray ce que i'ay oüy dire
de plus curieux ſur ce ſuiêt , dans
les conuerſations que i'ay euës
en Danemark , auec des perſon-
nes de condition , & de ſauoir.
Et ce que m'en a dit bien particulierement , le Docteur Olaus
Vormius, Medecin de la faculté
de Copenhague , qui poſſede
les plus beles & les plus doctes
connoiſſances de tout le Septàntrion. Ie vous diray auſſi ce
que Blefkenius Danois , qui a
eu la curioſité d'aler en Iſlande,

a escrit de plus remarcable, dans
la Relation qu'il en a faite. Ie
ne croy pas tout ce qu'il a escrit, & ne m'arresteray qu'aux
choses qu'il dit y auoir veües.
Car i'y adioute la mesme foy que
ie fay à Herodote , aux endroits où Herodote dit qu'il a
*veu. N'estant pas croyable que
des gens d'honneur & de letres,
ayent voulu prostituer la verité,
& leur reputation , dé propos
si deliberé , que de dire qu'ils
ont veu ce qu'ils n'ont pas veu.
Quoy qu'il en soit , ie feray
comme Saluste ; & diray, soit
de Blefkenius , soit d'Angrimus
Ionas , soit du Docteur Vormius,
soit de tous ceux dont ie vous
alegueray ce que i'ay leu , & oüy

dire ; car ie n'en puis parler que
pour auoir leû , & oüy dire,
Fides penes auctores ſit.

II. L'ISLANDE eſt vne
Iſle de l'Ocean Deucaledonien,
a 13. degrez , 30. minutes de
longitude , & a 65. degrez 44.
minutes de latitude. Cete ſitua-
tion eſt priſe, ſur l'Eueſché Sep-
tàntrional de l'Iſle , nommé,
Hole, qu'Angrimus Ionas raporte dans ſa Grimogée Iſlandique,
où il dit, qu'il la tient de l'E-
ueſque meſme de Hole , Gundebrand de Thorlac , ſon com-
patriote , & intime amy , au-
diteur de Ticho-Brahé , & grand
Aſtrologue. Les limites de l'Iſlande ſont ; du Leuant , la mer
Hyperborée ; du Midy , l'O-

ëean Deucaledonien ; le Couchant regarde le Groenland, vers
lé cap Faruel ; & le Nort eſt
expoſé à la mer glacée du meſ-
mé Groenland. La longueur de
l'Iſle , s'eſtànd du Leuant au
Couchant, en autant de chemin
qu'vn homme en peut faire en
vint iours. Et ſa largeur du Midy au Nort , à l'endroit le plus
large, en autant de païs , qu'vn
homme en peut trauerſer en quatre iours. Le meſme Angrimus
de qui ie tiens cete meſure , ne
ſait , ſi ces journées ſont d'vn
homme à cheual, ou à pied.

I II. Pour bien iuger de l'e-
ſtànduë de l'Iſlande , on croit
qu'elle eſt deux fois plus grande que la Sicile. On connoîtra

auſſi par la Sfere , & par l'eleuation que i'ay raportée de cete
Iſle , que ce que l'on en dit eſt
veritable : Qu'au Solſtice d'Eſté,
& tant que le Soleil eſt dans les
ſignes de Gemini , & de l'Eſcre-
uice; c'eſt à dire , deux mois durant ; le Soleil ne ſe couche pas
tout entier ſous l'horiſon de l'Islande Septàntrionale ; Que l'on
en voit toujours quelque peu , &
la moitié aux jours les plus longs
depuis les dix heures du ſoir ,
iuſques à deux heures du matin,
qu'il ſe leue tout a fait. D'où,
il s'enſuit , qu'au Solſtice d'hyuer , & tant que le Soleil eſt
dans les ſignes du Sagittaire, &
du Capricorne ; c'eſt à dire, deux
mois durant ; le Soleil ne ſe leue .

A iiij

pas tout entier ſur le meſme horiſon ; & qu'il n'en paroît que
la moitié , aux jours les plus
courts , depuis les dix heures du
matin , juſques à deux heures
aprés midy , qu'il ſe couche tout
à fait.

IV. Cete Iſle eſt nommée
Iſlande , à cauſe de la blancheur
de ſes glaces. On dit qu'elle a
eſté fertile autrefois ; qu'elle a
porté de beaux bleds , & qu'elle
a eſté couuerte de grâns bois ,
dont les Iſlandois batiſſoient de
beaux , & grâns nauires ; & dont
il ſe trouue ancore auiourd'huy
de grandes & profondes racines,
aux meſmes lieux où eſtoient
jadis leurs foreſts , mais brulées
& noires comme de l'ebene.

L'Iſlande eſt maintenant ſi in-
fertile , que le bled n'y ſauroit
naîtrē. Et il n'y croiſt pas vn
arbre , quel qu'il ſoit , que du
petit & meſchant bouleau. Si
bien que l'on y mourroit de
faim & de froit, ſi l'on n'y a-
portoit des farines des prouinces
voiſines : Et ſi les glaces qui ſe
deſtachent au mois de May des
terres qui ſont ancore plus pro-
ches du Pole , ne leur portoient
vne ſi grande quantité de bois,
qu'ils en ont ſufiſamment pour
ſe chaufer , & pour ſe faire des
maiſons , à la mode des autres
peuples du Nort. Ils ſe ſeruent
outre cela, pour l'vn & pour l'autre , d'os de balene , & d'autres
grâns poiſſons. Comme auſſi de

deux fortes de tourbes pour fe chaufer ; l'vne, faite de gazons, qui eft le *Cefpes bituminofus* ; & l'autre, que l'on tire de la terre, comme d'vne carriere, qu'An-grimus Ionas apele *Glebam foßi-lem* ; que l'on fait cuire au Soleil, & qui brûle, quand elle eft feche, comme le gazon. L'vne & l'autre efpece de tourbe, tef-moigne affez le vice de la terre, qui la ránd incapable de porter ni bled, ni arbre. Ces glaces qui abordent en Iflande des ter-res Septàntrionales, font quel-ques fois chargées d'arbres pro-digieufement grâns. Et les An-nales Iflandiques font màntion d'vn entr'autres, qui auoit foi-xante-trois coudées de longueur,

& ſept de groſſeur.

V. Lors que ces glaces deſta-
chées du Nort , ſont jointes à
celes de l'Iſlande , les habitâns
de l'Iſle courent à la queſte du
bois , & à la chaſſe de quantité
de beſtes , qui s'eſtant trop auant
engagées dans la mer glacée,
voguent deſſus , & abordent où
les glaces les portent : comme
des Renards , roux & blancs ;
des Loûs Ceruiers ; des Ours
blancs & noirs ; & des Licornes.
La grande & précieuſe corne que
le Roy de Danemark garde à
Frederisbourg , qui eſt ſon Fon-
taine-Bleau, eſt d'vne Licorne (à
ce que l'on ma dit)priſe ſur les glaces d'Iſlande. Elle eſt plus longue
& plus groſſe, que cele de S. De-

nis. Monſieur le Conte Wlfeld,
Grand Maiſtre de Danemark,
en a vne entiere, & petite, de
deux pieds de long, priſe ſur les
meſmes glaces. Il m'a fait l'honneur de me la montrer, & de
me dire, que lors qu'on la luy
donna, il y auoit ancore à la
racine, de la chair, & du poil de
la beſte.

VI. L'Iſlande eſt montagneu-
ſe, & pierreuſe. Les paſturages
y ſont ſi exbellans, qu'il en faut
chaſſer le beſtial, de peur qu'il
ne breve. Et l'herbe y ſant ſi
bon, que les eſtrangers la recueil-
lent, & la font ſecher, pour la
mettre parmy leur linge. On dit
neanmoins que leurs chairs de
bœuf ne ſont pas bonnes, &

que leurs moutons puënt le bouc.
Les Iſlandois y ſont accouſtumez.
Ils durciſſent & conſeruent leurs
viandes, en les expoſant au vànt,
& au Soleil. Ce qui les rànd &
de meilleur gouſt, & de meilleu-
re garde, que ſi on les auoit
ſalées. Ils font quantité de beur-
res, qu'ils reſeruent dans des
vaiſſeaux ; & a defaut de vaiſſeaux, ils l'amoncelent dans
leurs màiſons, comme des piles
de chaux. Leur bruuage ordinaire
eſt de lait, & de petit lait, qu'ils
boiuent pur, ou meſlé auec de
l'eau. L'Iſle porte de bons cheuaux, que l'on nourrit en hyuer,
de poiſſons ſecs ; auſſi bien que
les bœufs, & les moutons, quand
le foin leur a manqué : Et dont

les hommes mefme font de la
farine , & du pain , quand ils
n'ont plus de farines de bled ; &
que les rigueurs d'vn long hyuer empefchent l'abord de leur
Ifle , aux eftrangers qui ont commerce auec eux. Si bien que l'on
peut dire des beftes de ce païs là,
qu'elles font *Ictiofages* , auffi bien
que les hommes.

VII. Il y a dans l'Iflande
quantité de fontaines froides ,
dont les eaux font claires , &
agreables à boire ; d'autres , qui
font faines & nourriffantes comme de la biere ; quantité de
fources chaudes & falutaires, pour
les bains ; quantité de beaux &
grâns Eftangs poiffonneux ; quantité de beles , & grandes Riuie-

res nauigables ; dont ie ne vous
eſcriray pas les noms, non plus
que des Ports, & des Promon-
toires, parce qu'ils ſont imprimez
dans les liures.

VIII. Blefkenius raconte,
qu'il y a dans la partie Occidàntale de l'Iſlande, vn Lac qui
fume toujours ; & qui eſt neanmoins ſi froid, qu'il petrifie tout
ce que l'on y iete. Si l'on y fiche
vn baſton, le baſton deuient
fer à l'endroit qu'il eſt fiché dans
la terre ; ce qui touche l'eau, ſe
petrifie ; & ce qui eſt au deſſus
de l'eau, demeure bois. Blefkenius dit l'auoir eſprouué par deux
fois : Et qu'ayant mis au feu ce
qui luy ſambloit fer, ce fer brûla
comme du charbon. Il dit auſſi,

qu'au milieu de l'Iſlande, il y a
vn autre Lac , qui exhale vne
vapeur ſi dangereuſe , qu'elle tuë
les Oiſeaux qui volent par deſſus.
Et ce Lac eſt comme l'Auerne
des Grecs , dont Virgile parle
au 6. de l'Eneïde.

Quem ſuper haud vllæ poterant im-
 pune volantes
Tendere iter pennis , talis ſeſe hali-
 tus atris
Faucibus effundens , ſupera ad con-
 uexa ferebat.
Vnde locum Graij dixerunt nomine
 Aornon.

Blefkenius adioute , a ce qu'à dit
Angrimus des fontaines chaudes
de l'Iſlande , qu'il y en a de ſi
       chaudes

chaudes en des endroits, que qui
les touche s'y brule. Quand cete
eau ſe raffroidit, elle laiſſe du
ſoufre au deſſus de ſa ſuperficie;
tout ainſi qu'aux marais ſalans,
l'eau de la mer y laiſſe du ſel.
On voit des plongeons rouges
ſur ces eaux, que l'on perd de
veuë, ſi toſt que l'on s'en a-
proche, & qui remontent ſur
l'eau pour peu que l'on s'en eſ-
loigne. Le meſme dit ancore,
qu'en vn endroit de l'Iſle, que
l'on apele *Turloſkhauen*, il y a
deux fontaines, l'vne froide, &
l'autre chaude, que l'on fait venir par diuers canaux dans vn
meſme baſſin. Et que les eaux
de ces deux fontaines meſlées
enſamble, compoſent vn bain

tres excellant. Aſſez pres de là,
dit-il, il y a vn autre fontaine,
dont l'eau a le gouſt du blé:
Et qui a cete vertu, de guerir
les maux veneriens, que Blefkenius aſſeure eſtre fort ordinaires dans cete Iſle.

IX. Il n'y a dans toute l'Islande aucune miniere de quelque metal ou mineral que ce ſoit,
ſi ce n'eſt de ſoufre, qui eſt
tres commun dans toute l'Iſle;
mais que l'on tire en plus grande abondance d'vne Montagne
nommée *Hecla*, qui eſt le Mont-
gibel de l'Iſlande; car elle jete
des flames qui cauſent de grâns
embrazemâns aux enuirons. Cete
Montagne eſt du coſté de la
partie Oriàntale, declinant à la

Meridionale , & affez proche de
la mer. Blefkenius dit , que ce
Mont ne jete pas feulement des
flames , mais des torrâns d'eau,
qui brulent comme eau de vie.
Il jete par fois auffi , des cendres
noires , & vne quantité prodigieufe de pierres ponce. La
tàmpefte qui agite ce Mont ,
ceffe au vànt d'Oüeft , qui eft le
Zephire des anciens. Tant que
ce vànt foufle , ceux qui con-
noiffent ce Mont, & qui en fauent
les chemins feurs , montent har-
diment à fon plus haut fommet ,
& à l'endroit par où il rànd fes
flames ; où ils jetent de groffes
pierres , que le Mont rejete auec
furie , & comme vne Mine fait
voler les efclats d'vn mur qu'elle

emporte. Il eſt tres dangereux d'en aprocher, à ceux qui n'en connoiſſent pas les auenües. Parce que la terre qui brule au deſſous, venant à fondre, a bien ſouuent englouti des hommes viuans, dans des fournaiſes ardàntes.

X. Les habitans de l'Iſle cro‑yent que cete Montagne eſt le lieu où les ames des dannez ſont tourmàntées. Dequoy ils font de plaiſàns contes. Car ils voyent quelque fois, à ce qu'ils diſent, comme des fourmilieres de Dia‑bles, qui entrent dans la gueule de ce Mont, chargez d'ames dannées ; & qui en reſſortent, pour en aler chercher d'autres. Et Blefkenius raporte, que lors que cela a paru, on a remar‑

qué qu'il s'est donné vne san-
glante bataille en quelque endroit. Les Islandois croyent aussi, que le bruit que font les glaces , quand elles heurtent &
s'atachent à leurs riuages , font
les cris & les gemissemâns des
dannez, pour le grand froit qu'ils
endurent. Car ils croyent qu'il y
a des ames condannées à geler
eternelement , comme il y en
a qui brulent eternelement. Et
le suplice seroit egal ; en ce que,
penetrabile frigus adurit ; & qu'il
est vray qu'vn grand froit brule
comme du feu.

XI. Le mesme Blefkenius
dit , qu'estant en Islande , sur la
fin du mois de Nouàmbre , &
à minuit ; on vit vn grand feu

fur la mer du Mont Hecla , &
que ce feu efclaira toute l'Ifle.
Ce qui eftonna tous les habitans.
Les plus experimàntez & les plus
sànfez affeuroient, que cete lueur
venoit du Mont Heçla. Vne
heure apres l'Ifle tràmbla. Et ce
tràmblemànt fut fuiuy d'vn. ef-
clat comme de tonnerre , fi ef-
pouuàntable & fi terrible , que
tous ceux qui l'ouïrent , crurent
que ce deuoit eftre la cheute du
monde. On fût peu de jours
apres , que la mer auoit tary à
l'endroit où le feu auoit paru ; &
qu'elle s'eftoit retirée à deux
lieües de là.

XII. Les Iflandois ne vàndent & n'achetent quoy que ce
foit , car il n'y a pas d'argent

monnoyé parmy eux. On leur
aporte des farines , de la biere,
du vin , de l'eau de vie , du fer,
des drâs , & du linge. Ils baillent
en eſchange ce qu'ils ont , qui
eſt; des poiſſons ſecs , du beurre,
des ſuifs , des drâs groſſiers , du
ſoufre , & des peaux de renârs ,
d'ours , & de loûs cerüiers. Blefkenius dit , que les Alemans qui
trafiquent en Iſlande , dreſſent
des tantes pres des havres où ils
ont abordé , & qu'ils y eſtalent
leurs Marchandiſes , qui ſont;
manteaux , ſouliers , miroirs,
couteaux , & quantité de baga-
teles , qu'ils eſchangent auec ce
que les Iſlandois leur aportent.
Des filles qui ſont fort beles
dans cete Iſle , mais fort mal

veſtües , vont voir ces Alemans; & ofrent à ceux qui n'ont pas de fame , de coucher auec eux, pour du pain , pour du biſcuit , & pour quelqu'autre choſe de peu de valeur. Les Peres meſ- mes presàntent leurs filles aux Eſ- trangers. Et ſi leurs filles deuien- nent groſſes, ce leur eſt vn grand honnéur. Car elles ſont plus con- ſiderées , & plus recherchées par les Iſlandois, que les autres : Et il y a de la preſſe à les auoir.

XIII. Quand les Iſlandois ont acheté, (c'eſt à dire eſchan- gé) du vin , ou de la biere , des Marchàns eſtrangers : Ils con- üient leurs paràns , leurs amis , & leurs voiſins , à boire l'vn & l'autre : Et ne ſe quitent point

que tout ne ſoit beu. Ils chan-
tent en beuuant, les faits heroï-
ques de leurs Capitaines. Leur
muſique eſt ſans regle, & ſans
art, que l'on apele, *Muſique
enragée.* C'eſt vne inciuilité parmy eux, que de ſortir de table,
quand ils boiuent, pour aler
faire de l'eau. Des filles qui ne
ſont pas laides en ce païs-là,
comme i'ay dit, coulent ſous les
treteaux, & preſantent des pots
de chambre aux beuueurs.

XIV. Angrimus Ionas traite
cete raillerie d'impoſture, &
s'emporte auec colere contre
Blefkenius, pour l'outrage qu'il
dit auoir fait à l'honneur des filles Iſlandoiſes. Le bon homme
ne peut ſoufrir, qu'on parle a-

uec mespris de ses compatriotes , & qu'on les traite de bar-
bares. Sur tout, là où le mesme
Blefkenius dit, que les Islandois
se gargarisent tous les matins de
leur vrine , & s'en frotent les
dents. Catulle a dit la mesme chose des Celtiberes.

Nunc Celtiber in Celtiberiâ terrâ,
Quod quisque minxit , hoc sibi solet
   mane
Dentem & russam defricare gin-
   giuam.

Pour vous dire , Monsieur , ce
que i'en pànse. Ie croy que les
Islandois ne sont pas maintenant
si sauuages qu'il ont esté. Mais il
est à presumer que des peuples

ſi eſloignez des climâs tâmperez,
ne ſont pas des plus polis , ni des
plus raiſonnables du monde. Ie
parle pour le commun , dans lequel ie ne compràns pas les honneſtes gens qui y peuuent eſtre ,
& qui y ſont ſans doute. Car il
y a par tout des honneſtes gens.
Et il n'y a pour cela de la diffe-
ràance , que du plus au moins.

XV. Blefkenius dit , que les
Iſlandois ont des Eſprits familiers.
Que ces Eſprits les ſeruent comme des valets , & les auertiſſent
la nuit , quand il fait bon le làndemain aler à la chaſſe , ou à la
peſche. Ortelius va plus auant ,
& nous apràand , que les Iſlandois
apelent cete ſorte de Demons,
Drollos. Ce qui a du raport à ce

que *Troll* , en Danois , eſt vn
Diable en françois ; Et me per-
ſuade que ce que l'on apele en
France *vn bon drole* , eſt meſme
choſe *qu'vn bon Diable* , en Iſlandois , & en Danois. Blefkenius
dit auſſi , que les meſmes Iſlandois vàndent le vànt , & l'aſſeure , comme l'ayànt , à ce qu'il
dit , experimànté. De quoy le
bon Angrimus ſe moque plàiſam-
ment. Car il dit , que le Mate-
lòt Iſlandois connoît le ſoir par
la diſpoſition de l'air , quel temps,
& quel vànt il fera le làndemain;
Et que quand il coniecture qu'il
doit faire le vànt que l'Eſtranger
atànd pour partir , il le va trouuer , & s'engage de luy vàndre
ce vànt. Ce qu'il fait de cete

ſorte. Il demande à l'Eſtranger
ſon mouchoir , dans lequel il
fait ſàmblant de murmurer quelques paroles ; & noüe prompte-
ment le mouchoir , comme de
peur que les paroles qu'il a pro-
noncées ne s'enuolent. Il luy rànd
apres cela ſon mouchoir noüé ,
& luy recommande de le garder
tel qu'il le reçoit auec grand ſoin:
l'aſſeurant qu'il aura le vànt bon ,
durant tout ſon voyage. Or il
arriue quelque fois , que ce vànt
ſoufle le làndemain. Mais le plus
ſouuent ce meſme vànt change
apres que l'Eſtranger eſt party,
& qu'il eſt engagé en pleine mer.
Ou s'il eſt aſſailly de quelque
tàmpeſte , comme il arriue bien
ſouuent auſſi, l'Eſtranger ſe trou-

ue fort ambaraſſé des Diables
qu'il croit porter dans ſa poche:
Car il n'oſe les jeter dans la mer,
& fait conſciànce de les garder.
Que ſi, dit Angrimus, il eſt ar-
riué de cent fois vne, que le vànt
ait conduit l'Eſtranger là où il
deuoit aler ; cete ſeule fois autoriſe l'erreur contre cent autres
experiànces contraires. Et l'erreur
ſe reſpànd par celuy qui dit har-
diment, parce qu'il le croit ainſi, qu'il a acheté le vànt en Iſlande, & que ce vànt l'a mené à bon
port chez luy.

XVI. Quoy que ces ſortes de
contes ne faſſent aucune impreſ-
ſion ſur des Eſprits raiſonnables, ils ne laiſſent pas d'eſtre
diuertiſſàns. Et il y a du plaiſir

d'entàndre ce que l'on en dit,
& ce que l'on en croit. Car on
ne le diroit pas, ſi on ne le croyoit. Blefkenius raconte, qu'il y
a des Magiciens en Iſlande, qui
ont le pouuoir d'arreſter en plé-
ne mer, des vaiſſeaux qui vont à
plénes voiles. Il narre auſſi, que
ceux qui ſont arreſtez, ſe ſeruent
pour contrecharme, de certaines
ſufumigations puantes, dont il
fait les deſcriptiõs; auec leſqueles,
dit-il, ceux qui ſont retenus chaſ-
ſent les Demons qui les retie-
nent; & les vaiſſeaux deſenchan-
tez reprenent leur cours. Si le
charme eſt bien inuànté, le con-
tre-charme ne l'eſt pas moins.
Reüenons à ce qui eſt de plus ſe-
rieux dans l'hiſtoire de l'Iſlande.

XVII. L'anciéne Islande estoit diuisée en quatre Prouinces,
selon les quatre parties du monde. Chaque Prouince estoit diuisée en trois Bailliages, que les
Islandois apelent *Repes* : excepté
la Prouince Septàntrionale, laquelle comme la plus grande, &
la plus importante, en auôit
quatre. Et chaque Bailliage estoit subdiuisé en six, sept, huit,
ou dix Iudicatures, selon son es-
tàndüe. Chaque Prouince alsàm-
bloit ses Bailliages vne fois l'année. Et la conuocation se faisoit
par de petites croix de bois, que
le Gouuerneur de la Prouince
enuoyoit à ses Baillifs, que les
Baillifs distribuoient à leurs Iuges, & que les Iuges faisoient
courir

courir par les familles de ceux
qui ſe deuoient trouuer à ces
aſsàmblées. Le Chef de la Iuſtice de l'Iſlande , qui preſidoit
aux quatre Prouinces , & qui
eſtoit comme le Souuerain de
l'Iſlande , ſon *Nomophylax* , &
le conſeruateur de ſes loix , aſ-
sàmbloit auſſi en certain temps
les Eſtats generaux de l'Iſle. Et la
conuocation ſe faiſoit par quatre
haches de bois , que ce Chef
enuoyoit aux Gouuerneurs des
quatre Prouinces.

XVII. Il y auoit dans chaque Bailliage trois Tàmples principaux , où la Iuſtice ſe ràn-
doit , & où le culte de leurs
Dieux ſe faiſoit ; à cauſe de
quoy la charge de Baillif s'apeloit

Godorp, qui signifie diuine. Leur principal soin estoit, de pouruoir à la necessité des pauures, qui est tres grande dans vn païs pauure. D'empescher que les pauures d'vne Repe, ne courussent à l'autre ; & de refrener la liçance des Mandians volontaires, contre lesquels les loix estoient rigoureuses. Car il estoit permis de les tuer, ou de les chastrer, impunément ; de peur qu'ils ne multipliassent, & ne fissent d'autres coquins comme eux. Il estoit mesme defandu, sur pêne de l'exil, à vn homme pauure de se marier auec vne fame pauure comme luy. Et il n'estoit pas permis sur la mesme pêne, à celuy qui n'auoit dequoy que pour luy feul , de prandre vne fàme qui n'auoit pas dequoy pour elle.

XVIII. Cet ordre Ariftocratique de gouuernemànt , & dè Iuftice , a duré parmy les Iflandois, jufques à l'an de Grace 1263. que les Roys de Noruege fe firent maîtres de l'Ifle , & la ràndirent tributaire , par la mauuaife intelligence des Iflandois, qui faifoient entr'eux , des brigues, & des feditions , pour le gouuernemànt. Les Roys de Danemarck , ayant reduit en fuite le Royaume de Noruege en Prouince , ont donné des Viceroys à ces peuples , qui n'ont retenu depuis ce temps-là , qu'vne ombre legere de leur anciene forme d'E

ſtat. La demeure de ces Viceroys eſt à la partie Occidàntale
de l'Iſlande , dans vn Chaſteau,
nommé *Beſeſtat*. Ils ne ſont pourtant pas obligez à faire reſidàn-
ce actuele dans l'Iſle , qu'en cas
de neceſſité ; & n'y vont qu'vne
fois l'année , pour en receuoir
les tribûs , qui conſiſtent aux
meſmes choſes , dont i'ay dit cy
deſſus que les Iſlandois ſont commerce & eſchange auec les Eſtrangers : Et dont le Roy de
Danemark pouruoit vne bonne
partie de ſes nauires, ſoit pour
nourrir , ſoit pour habiller ſes
matelots. Le dernier Viceroy
d'Iſlande , eſtoit M. Proſmont ,
Amiral de la derniere flote Danoiſe , que les Suedois défirent

ſur cete mer, il y a enuiron trois
mois. Il ſe batit vaillamment, &
mourut ſur ſon bord l'eſpée à
la main, ayant refuſé le quar-
tier que les Enemis de ſon Roy
luy voulurent donner.

XIX. Angrimus Ionas ne
poſe l'Iſlande Chreſtiene, qu'en
l'an 1000. de nôtre ſalut. Ce
n'eſt pas qu'il n'y ait eu des
Chreſtiens long temps deuant,
dans cete Iſle. Mais il dit que le
Paganiſme n'en fût abſolument
bany qu'en ce temps-là. Les Iſlandois payens ont adoré entr'autres
Dieux, *Thor*, & *Odin.Thor*, eſtoit
comme le Iupiter; & *Odin*, côme
le Mercure des anciens Grecs &
Latins. Ils nomment encore leur
Ieudy,*Thorſdag*, qui eſt le *dies Iouis*,

& le Mercredy, *Odensdagur*, qui
est le *dies Mercurij*. Les Autels
consacrez à ces Dieux estoient
reuestus de fer, où bruloit vn
feu perpetuel. Et sur l'Autel, il y
auoit vn vase d'airain, dans lequel on versoit le sang des sa-
crifices, & dont on aspergeoit
les assistans. Il y auoit au costé
de ce vase vn aneau d'argent,
du poids de vint onces, qu'ils
frotoient du sang de l'hostie, &
qu'ils empoignoient quand ils
vouloient faire quelque sermànt,
ou solànnel, ou d'importance.
Leurs Annales portent, qu'ils ont
sacrifié des hommes à leurs Ido-
les. Ils les escrasoient sur des rochers, ou les jet oient dans des
puis profons, creusez, & destinez

pour cela , à l'entrée de leurs Tàmples. Et comme les Islandois payens auoient basty deux principaux Tàmples, dediez à leurs faux Dieux, aux deux parties, Septàntrionale , & Meridionale, de leur Isle. Les Islandois Chrestiens ont estably les deux , & les seuls Eueschez qu'ils ont , aux mesmes endroits de leur Isle : Sauoir , l'Euesché de *Hole* , au Nort ; & celuy de *Schalhold* , au Midy. Ils professent maintenant la mesme confession d'Ausbourg , que professe tout le Danemarck.

XX. Les anciens Islandois estoient de haute stature , forts , adroits, & vaillans ; grâns gladiateurs , & grâns Pyrates. La Monomachie estoit autorisée par mi eux ; & ils ne refuſoient qui que ce fuſt , qui les vouluſt combatre ſeul à ſeul. Ils vui-doient leurs procez par le duel ; Auquel celuy qui eſtoit vaincu, perdoit la choſe conteſtée ; & qui refuſoit le combat, la per-doit comme s'il euſt eſté vaincu. C'eſtoit vn moyen legitime pour aquerir des poſſeſſions parmi eux. Car de deux Gladiateurs qui ſe batoient, celuy qui auoit tué ou vaincu ſon homme , eſtoit maî-tre de ſon bien. Il n'y auoit qu'vne reſource pour les heri-tiers legitimes du defunt , ou du vaincu, qui eſtoit ; que l'on me-noit vn grand Toreau au victo-rieux , & s'il ne l'aſſommoit pas à vn ſeul coup , il ne tenoit rien.

XXI. Auec ce que les Iſlán-
dois eſtoient de grande force,
& de grand cœur; ils eſtoient
ſpirituels, & ſi curieux, qu'ils
conſeruoient auec ſoin les memoires qu'ils recueilloient de toutes parts, des choſes memorables
qui ſe paſſoient dans tous les
Royaumes voiſins. Ce qui a o-
bligé le bon Angrimus à dire
dans ſon *Specimen Iſlandicum*, parlant de ſes compatriotes, qu'ils
ſont, *Ad totius Europæ res hiſtoricas lyncej.* Et de fait, Saxo
Grammaticus dans la preface de
ſon hiſtoire Danoiſe, auoüe qu'il
s'eſt tres vtilement ſeruy des
memoires qu'il a pris dans les Annales des Iſlandois, qu'il apele,
Tylenſes. Le Docteur Vormius

m'a affeuré que ces Annales font
tres - curieufes , & qu'il y a des
raretez exquifes des chofes ancienes qui fe font faites dans les
Orcades , dans les Hebrides ,
dans l'Efcoffe , & dans l'Angleterre & mefme chez les anciens
Ducs de Normandie ; par cete
raifon fans doute, que les Iflandois font efté autrefois puiffans
fur la mer Deucaledoniene , ou
Efcoffoife, & qu'ils ont peu a-
uoir auffi des commerces par-
ticuliers dans noftre Normandie.

XXII. Les plus ancienes hi-
ftoires Iflandoifes, & auquelles
les Iflandois adioutent plus de
foy, font celes qui font com-
pofées en vers. Sur quoy, Mon-

ſieur , vous remarquerez , s'il
vous plaiſt , que les anciens Rois,
& Capitaines du Nort , qui a-
loient à la guerre , menoient toujours quelque Poëte auec eux,
pour compoſer des vers ſur le ſu-
jêt de leurs victoires. Ces Vers
ſe chantoient par les ſoldats de
l'armée , & ſe repàndoient par
toutes les contrées voiſines. Or
les Iſlandois ont eſté de tout
temps renommez excellâns Poëtes , par toùs leurs voiſins. Et
l'on a creu qu'il y auoit vne cer-
taine vertu Magique dans leurs
vers , capable d'euoquer les Demons des Enfers , & d'arracher
les Planetes du Ciel. Leurs Poëtes
naiſſent Poëtes , & ne le deuie-
nent pas par eſtude. Car le meil-

leur efprit qui foit parmi eux , ne
fauroit compofer des vers, s'il n'a
le don naturel de les faire , tant
les regles de leur Poëfie font
feueres & contraintes. Mais ceux
qui ont cete vertu naturele , les
compofent auec tant de facilité,
que leurs difcours ordinaires font
des vers. La Verve prànd ces
Poëtes aux nouueles Lunes. Et
quand cete fureur les faifit , ils
ont le vifage efgaré , les yeux
enfoncez , la couleur pafle ; &
reffàmblent à la Sibile Cumée,
tele que Virgile nous l'a defcrite.
Il fait en ce temps-là tres mauuais auoir à faire auec ces pof-
fedez. Car la morfure des chiens
enragez, n'eft pas plus dangereu-
fe, que la médifance de ces Poëtes.

XXIII. Ie vous diray à ce propos, ce que le Docteur Vormius m'en a raconté. Il y a quelques années, qu'estant Recteur de l'Academie de Copenhague, vn Escolier Islandois se plaignit à luy, que son Lansman & camarade, l'auoit outragé dans des vers difamatoires. Le Recteur apela le Poëte, qui auoüa les vers, mais nia qu'ils fussent faits contre son camarade. Et de fait M. Vormius n'y voyoit quoy que ce soit, dont le Lansman se dût ofancer, selon la connoissance qu'il a du langage Islandois, qui est fondé sur l'anciene langue Runique. L'Escolier ofancé voyant que le Recteur croyoit ce que luy disoit le Poëte, se mit

à pleurer chaudement , & à luy
dire, qu'il eſtoit perdu s'il l'aban-
donnoit. Et là deſſus luy fit com-
pràndre, par vn deſtour eſtrange
de figures , & de fables , les
mêdiſances qui eſtoient conte-
nües dans cete Satyre. Luy dit,
qu'il paſſeroit pour vn infame en
Iſlande , ſi ces vers y eſtoient
portez ; que ſes biens en dépe-
riroient ; & que cete poëſie eſtoit tele , qu'en quelque lieu du
monde où il fût aller, le charme,
ou le ſortilege de ces vers le ſui-
uroit par tout , & le feroit mou-
rir. Le Docteur Vormius eſmeu
de la frayeur de ce ieune homme , tira le Poëte à part ; luy mit
deuant les yeux les deuoirs de la
charité Chreſtiene , & les ri-

gueurs des loix de Danemarck,
qui puniſſent les ſorciers de ſu-
plices tres cruels : Et l'ayant me-
nacé de le metre entre les mains
de la Iuſtice , ſi par malheur
ſon camarade tomboit malade
de l'aprehànſion qu'il auoit ; Il
luy imprima vne tele peur, qu'il
auoüa la malice de ſes vers , les
deſchira , promit de ne les dire
à perſonne , & courut embraſ-
ſer ſon camarade , qui teſmoi-
gna vne ioye non-pareille d'auoir
fait ſa paix auec le Poëte.

XXIV. Les Poëtes Iſlandois
ont vn Mitologique de leurs fables , qu'ils apelent *Edda* : Dans
lequel ils poſent pour Principe
eternel , vn Geant qu'ils apelent
Immer. Et diſent , que du Caos

fortirent de petits hommes , qui
fe jeterent fur le Geant , & le
mirent en pieces. Que de fon
crane , ils firent le Ciel ; de fon
œil droit , le Soleil ; de fon œil
gauche, la Lune ; de fes efpaules,
les Montagnes ; de fes os , les
Rochers ; de fa veffie , la Mer ;
de fon vrine , les Riuieres ; Et
ainfi de toutes les autres parties
de fon corps. De forte , que ces
Poëtes apelent le Ciel , le crane
d'Immer ; le Soleil , fon œil
droit ; la Lune , fon œil gauche ;
les Rochers , fes os ; les Montagnes, fes efpaules ; la Mer, fa
veffie ; les Riuieres, fon vrine, &c.
Le Docteur Vormius m'a fait voir
vne vieille copie de l'Edda, ef-
crite en Iflandois , de la main
d'vn

d'vn Islandois , & dont il m'a
expliqué les galanteries que i'ay
recueillies , pour vous les escrire.

XXV. Les Islandois , à ce que
disent leurs Annales , ont mis autrefois de grandes flotes sur la
mer , qui donnoient de la ja-
lousie aux Rois de Noruege , &
de Danemark. Ils n'ont pas
maintenant dequoy faire de petits bateaux de pescheurs. Ils ont
eu le temps passé de grâns commerces dans tous les Royaumes
voisins. Ils ne sortent maintenant de leur Isle , que pour venir estudier à Copenhague ; auec
vn desir si violânt de retourner
en leur païs , que les Danois
n'en peuuent retenir pas vn

pour leur feruir de Preſtres , ou
de Preſcheurs. Ce qu'ils ont tàn-
té diuerſes fois , parce qu'il y en
a qui ont l'eſprit bon , & qui
reüſſiſſent dans leurs eſtudes. On
a beau leur repreſanter la pau-
ureté de leur Iſle , & les delices
des climats qui ſont plus doux.
Ils ſont acoquinez à leur miſere,
& la preferent à tous les autres
plaiſirs. Il y a douze ou quinze
Eſcoliers dans cete Academie,
que nous voyons quelque fois.
Ils ſont communément petits &
floüets, quoy que Blefkenius die,
qu'il a veu en Iſlande vn Islandois ſi fort , qu'il prenoîc v-
ne tonne de biere , meſure de
Hambourg , & la portoit à ſa
bouche pour boire , comme il

auroit pris vn de nos barils.

XXVI. Les Iſlandois retie-
nent, comme i'ay dit, quelque
ombre legere de l'ancien gou-
uernemant de leurs peres. Mais
leurs loix ſont meſlées de tant
d'autres loix, de Noruege, & de
Danemark ; qu'eſtant forcez
d'obſeruer les dernieres, & vou-
lant garder les premieres, ils s'en-
gagent dans mille chicanes, ſur
l'explication, & concordance
de leur droit, auec celuy de Danemark. Ce qui a obligé le bon
Angrimus à dire de fort bonne
grace, qu'il n'y a pas moins de
l'antinomies dans le droit Iſlandois, qu'il y a d'antinomies dans
le droit Romain.

XXVII. Les Iſlandois de ce

temps habitent leur Isle comme
leurs Peres l'habitoient, dans des
maisons esparses, qui ça, qui là,
de peur du feu, estant basties de
bois. Leurs fenestres sont d'ordinaire, des trous sur les toits,
parce que leurs maisons sont fort
basses, & qu'il y en a mesme plusieurs d'enfoncées dans la
terre, à cause des vans. Leurs
toits sont couuerts, comme ceux
de Suede, d'escorces de bouleau, comblées de gazons. Tele
estoit la cabane de Titire, dans
les Bucoliques de Virgile.

Pauperis & tuguri congestum cespi-
  te culmen.

Les Islandois sont cachez com-

me des blereaux dans ces maiſons, où ils viuent au delà de
cent ans, & ne ſe ſeruent ni de
Medecins, ni de medecines.

XXVIII. Il n'y a dans toute
l'Iſlande que deux vilages, aux
deux Eueſchez, de Hole, & de
Schalholt; dont le plus grand,
qui eſt celuy de Hole, ne conſi-
ſte qu'en fort peu de maiſons
contiguës. Et comme il n'y a ni
viles, ni vilages dans l'Iſlande,
il n'y a point de grâns chemins.
Ce qui oblige ceux qui voyagent
dans cete Iſle, à ſe ſeruir de
bouſſoles, pour aler d'vne Prouince à l'autre, & à planter des
baliſes aux endroits où il y a des
goufres de nege, & où l'on tom-
beroit, ſi l'on n'y metoit ces

marques. Les Iſlandois n'habitent d'ordinaire , que ſur les riuages de la mer , ou prés des riuieres , à-cauſe de la peſche , &
des paſturages , & le milieu de
l'Iſle eſt comme deſert. Il y a vn
Colege à Hole, où les enfans eſ-
tudient iuſques à la Retorique ,
& vienent à Copenhague , faire
leur cours de Filoſſie , & de
Teologie. Il y a vne Imprime-
rie, où depuis peu l'on a imprimé le vieux Teſtamànt , traduit
en Iſlandois. Le nouueau n'eſt pas
acheué , faute de papier; apres lequel il y a long temps que les Im-
primeurs crient, mais ils crient de
ſi loin, qu'on ne les entànd point.
XXIX. L'Eueſché de Hole
a eſté pourueu de grâns Eueſ-

ques, dont le Catalogue eſt eſcrit, dans la Crimogée d'Angrimus Ionas. Et entre autres, du
dernier mort Gundebrand de
Torlac, que i'ay cy-deſſus màn-
tionné, homme de grand ſauoir, & de grande probité. Angrimus Ionas a eſté ſon Coadiu-
teur, & a refuſé l'Eueſché qu'il
deuoit auoir apres la mort de
Gundebrand, & que le Roy de
Danemark luy vouloit don-
ner. Il a prié le Roy de l'en
diſpànſer, tant pour ſe retirer
de l'enuie, que pour vaquer à
ſes eſtudes auec plus de repos. Le bon homme eſt viuant.
Le Docteur Vormius ſon bon a-
my, m'a aſſuré qu'il a plus de
quatre-vints dix ans : Et m'a dit

de plus , qu'il n'y a que quatre
ans qu'il s'eſt remarié auec vne
ieune fille. Il eſt ſauant, & fort
homme de bien , en grande eſ-
time parmy tous les doctes , &
tous les curieux de la contrée du
Nort; & le ſera de tous ceux qui
le connoitront, par les beaux liures qu'il a faits.

XXX. I'obmetois de vous dire
vne particularité de l'Eſprit des Iſlandois, qui n'eſt pas à meſpriſer.
C'eſt qu'ils ſont tous joüeurs d'eſchets,& qu'il n'eſt point de ſi che-
tif païſan en Iſlande , qui n'ait
chez luy ſon jeu d'eſchets , faits
de ſa main, & d'os de poiſſon ,
taillé à la pointe de ſon cou-
teau. La diferànce qu'il y a de
leurs pieces aux nôtres , eſt que

nos Fous ſont des Eueſques parmy eux ; & qu'ils tienent que les
Ecleſiaſtiques doiuent eſtre prés
de la perſonne des Rois. Leurs
Rocs ſont de petits Capitaines ,
que les Eſcoliers Iſlandois qui
ſont icy , apelent *Centuriones.* Ils
ſont represàntez , l'eſpée au coſté , les joües enflées , & ſon-
nant du Cor , qu'ils tienent des
deux mains. I'aurois à vous faire
vn long diſcours ſur le ſujet des
Cors, que les Capitaines du Nort
portoient à la guerre , pareils à
celuy de noſtre Roland : Et pour
pràndre la choſe de plus haut,
tel qu'eſtoit le Cor , ou la Trompete de Miſene , de qui Virgile
a dit ; *Hectoris hic magni fuerat
comes.* Où l'on voit vn Trompete

camarade d'Hector. C'eſt de là
ſans doute, que les Trompetes A-
lemans, & de toutes ces contrées,
ne paſſent pas pour valets, comme ils font ordinairement en
France ; mais pour oficiers des
compagnies où ils ſeruent. Ie
reſerue de vous en parler à vne
autre ocaſion. Reprenons le diſcours de nos Eſchets.

XXXI. Ce jeu n'eſt pas
ſeulement ancien, & commun,
chez les Iſlandois, mais dans
tous les païs du Nort. La Cronique de Noruege raporte, que
le Geant Drofon, qui auoit nourry Heralde le Cheuelu, tout ainſi que Chiron auoit nourry A-
chile, ayant oüy parler des grâns
exploits que faiſoit ſon Nourriſ-

ſon , eſtant Roy de Norüege ,
luy enuoya des presâns de grand
prix : Et entr'autres , la Cronique fait màntion d'vn jeu d'eſchets , tres riche, & tres beau.
Ce Heralde regnoit enuiron l'an
de Grace , 870. Et ſi Encolpe
dans Petrone, a eu la curioſité
d'eſcrire , qu'il auoit veu joüer
Trimalcion aux dames , ſur vn
Tablier de Terebinte & de Criſ-
tal , auec des dames d'or & d'argent : Ie vous diray que i'ay eu
l'honneur de joüer aux Eſchets
auec Madame la Conteſſe Eleo-
nor, fille du Roy de Danemark,
& fâme de Monſieur le Conte
Wlfeld , Grand Maitre , & premier Miniſtre du Royaume , ſur
vn Tablier d'Ambre blanc & jau-

ne, auec des pieces d'or, efmail-
lées de mefmes couleurs que le
Tablier , & tres curieufement
trauaillées. Les Rois & les Rei-
nes , font affis fur des Trônes ,
auec le Manteau Royal, la Couronne en tefte , & le Septre à
la main. Les Euefques font riche-
ment mitrez. Les Cheualiers font
montez fur des cheuaux bien
faits , & bien harnachez. Les
Rocs, font des Elefans fur lef-
quels il y a des Tours. Et les
Pions font de petits Moufquetai-
res qui ont couché en joüc , &
qui sàmblent atàndre le commàndemànt pour tirer.

XXXII. Ie vous ay dit , que
la langue des Iflandois eft fondée
fur l'anciene langue Runique. Le

Docteur Vormius, qui entànd
ce Runique, & qui en a fait
vn liure, m'a asseuré que l'Islandois est le plus pur Runique que nous ayons. Pour preu-
ue de cela, les caracteres Islandois dont Blefkenius a donné vn
Alfabet dans sa Relation, sont
Runiques : Et le mesme dit, que
parmy ces caracteres, il y en a
d'hyeroglifiques, qui signifient
des mots entiers. Le bon homme
Angrimus s'est estàndu sur ce
chapitre dans sa Crimogée. Et
parce que ce liure est fort rare
en ce païs, & qu'il l'est sans
doute au lieu où vous estes ; vous
aurez agreable que ie vous entretiene de la lecture que i'en ay
faite : Car en vous descouurant

l'antiquité de la langue Islandoi-
se, elle nous donne vne grande
connoissance des antiquitez du
Nort.

XXXIII. Angrimus dit,
que les Annales d'Islande, qui
parlent des premiers habitans du
monde Arctique, les font venir
d'vn Prince Asiatique, nommé
Odin, que d'autres ont dit *Ottin*,
lequel poussé par les armées Ro-
maines, que Pompée comman-
doit dans la Frigie mineure, prit
la route du Nort, & se vint
ràndre en ces quartiers, auec des
troupes Frigienes qui le suiuirent.
Et le bon Angrimus auoüe, que
l'epoque de ses Annales Islandi-
ques, ne s'estànd pas plus auant
que d'Odin. Il assure neanmoins,

que beaucoup d'autres peuples du
Nort, en ont de plus ancienes:
& que leurs Histoires font màntion d'vn Prince apelé *Norus*,
qui donna les premieres loix à la
Noruege, & l'erigea en Royaume. Que Norus estoit fils de
Thorré, Roy de Gotland, & de
Finland, le plus grand, le plus
vertueux, & le plus excellànt
Prince de son siecle. Que ses
peuples l'adorerent comme vn
Dieu apres sa mort. Que la Noruege apela le mois de Ianuier,
Thorré, de son nom. Et que ce
nom est ancore aujourd'huy retenu dans l'Islande. Que le Roy
Thorré eut vne fille d'vne grande beauté, nommée *Goa*, qui
fut enleuée par vn Prince estran-

ger. Que son frere Norus courut
apres le rauisseur. Et que le mois
suiuant celuy de Ianuier fut nommé, *Goa* ; qui est le mesme nom
dont se seruent ançore auiour-
d'huy les Islandois , pour le mois
de Février. Angrimus fait en suite
vne carte genealogique des pre-
decesseurs de Norus , qui ont
esté mis par les peuples du Nort
au nombre des Dieux, qui de la
mer , qui des vàns, qui de la
nege , qui du froid ; Et d'vn
entr'autres qu'ils adorerent sous
le nom de Dieu du feu , qui
n'estoit pas mal fait, & boiteux
comme le Vulcan des Grecs,
mais le mieux formé , & le plus
beau de tous les hommes ; qu'ils
apelerent pour sa grande beauté,
Halogie;

Halogie ; c'eft à dire grande &
bele flame. La genealogie def-
sànd iufques à vn neueu de Norus , apelé *Gilue* : Auquel temps,
dit la Cronique , le grand Odin
Afiatique entra dans le Nort.

XXXIV. Cete diuerfité
d'Annales a obligé Angrimus d'a-
ler ancore plus auant , que ces
premiers Rois de Noruege : Et
de raporter l'origine des peuples
du Septàntrion aux anciens Geans
Cananeens , que Iofué chaffa
de la terre promife , & qui vin-
drent peupler cete contrée , de
Geans , tels qu'ont efté les premiers habitans du Mónde Arctique , & d'où l'on croit que
font deriuez les premiers Gots ,
qui fignifient , *Geans.* Or , Mon-

fieur , il ne fera pas hors de propos , que ie vous die deux mots en cét endroit , & de ce grand Odin Afiatique , & de l'opinion reçeüe en ce païs, que les premiers hommes du Nort ont esté Cananeens.

XXXV. Le grand Odin Afiatique a esté adoré dans tout le Septàntrion , fous le nom de Mercure, à caufe de fon excellànt efprit. On croit que c'eft le premier Auteur de la Poëfie , & de la Magie Septàntrionale , fi celebre , & fi renommée, par tout ailleurs. Ie vous ay parlé de fa Poëfie ; & i'aurois beaucoup de chofes à vous dire de fa Magie : Mais le fuiet merite vne narration particuliere, que ie re-

ſerue à vne autre fois. Ie me con-
tànteray de vous dire maintenant,
que ie ne me puis aſſez eſtonner
de là negligeance de quantité
d'honneſtes gens , qui ſuiuent
auec ſi peu de reflexion des erreurs inueterées , & s'y laiſſent
emporter ſans reſiſtànce. Iuſques
là meſme , que plus ces erreurs
choquent le bon ſens , & moins
elles ont de vray-ſàmblance ,
plus ils les croyent, & plus ils
taſchent de les faire acroire aux
autres. Car , Monſieur , quele
aparànce y a-t'il de pouuoir à-
commoder tous les contes que
l'on fait d'Odin Aſiatique ; &
quel raport peuuent auoir des
fables ſi fables , auec le ſie-
cle de Pompée , qui eſt vn ſie-

E ij

cle si connu , & si histori-
que.

XXXVI. Mais n'admirez
vous pas ceux qui parlent des
premiers fondateurs des Nations,
ou des Grâns hommes de l'antiquité , & qui les font Geans.
On diroit qu'ils parlent de quelques Loûs, que l'on fait toujours
plus grâns qu'ils ne font. Hercu-
le à ce qu'on dit , estoit trois fois
plus grand que les autres hommes. Virgile fait Enée & Tur-
ne, hauts comme des montagnes.
Quantus Athos , aut quantus Erix.
Le mesme compare Pandarus ,
& Bitias , à deux grâns chesnes.
Tous les Portraits , & toutes les
statuës qui se voyent de Charle-
magne , dans les Tàmples des

Alemâns, font beaucoup plus grandes que l'ordinaire des hommes. Et i'ay veu vn Roland éleué en coloſſe de bois, au milieu de la place de Breme, de la hauteur d'vne Pique. Saxo Grammaticus a fait ſes premiers Danois, Geans. Ioannes, & Olaus Magnus, freres, & Hiſtoriens Suedois, ont fait leurs premiers Suedois, Geans. Angrimus Ionæs Iſlandois, a fait ſes premiers Iſlandois Geans. Il dit que, *Got*, ſignifie, *Geant*. Et que les premiers Gots eſtoient Geans. Et parce que les premiers Geans, dont la Bible parle depuis le deluge, ſont les Geans Cananeens, que Ioſué défit, & chaſſa de la Terre Sainte : Il veut que ces

Geans se soient retirez dans les
païs froids du Septàntrion ; parce
qu'il faisoit trop chaud pour eux
dans la Palestine.

XXXVII. Les deux freres
Suedois , & qui oht esté l'vn
apres l'autre Archeuesques d'Vpsal ; vont plus auant qu'Angrimus Ionas ; & déterminent, que
les premiers Suedois sont des-
sàndus des enfans de Iafet. Ils
pretàndent mesme auoir demon-
tré que la ville d'Vpsal a esté
bastie du temps d'Abraham. Ie
m'estonne qu'Angrimus Ionas ne
les ait suiuis ; & qu'il n'ait fait
sortir les premiers habitans de son
Isle , de la mesme tige de Iafet.
Et cela auec d'autant plus de
vray-sàmblance , qu'il est escrit

des enfans de Iafet au chap. 10.
de la Geneſe. *Ab his diuiſæ ſunt
Inſulæ gentium, in regionibus ſuis,
vnuſquiſque ſecundum linguam ſuam,
& familias ſuas, in nationibus ſuis.*
Car l'opinion eſtant receüe &
ortodoxe, que les enfans de Noé
ont repeuplé le monde apres le
deluge, & que les enfans de Iafet ont particulierement repeuplé toutes les Iſles du monde;
Angrimus pouuoit dire auec plus
de certitude des premiers habitans de ſon Iſle, ce que Ioannes & Olaüs Magnus, auoient
dit des premiers habitans de la
Suede : & les faire ſortir ſans
heſiter, de la branche de Iafet,
puis que la Geneſe autoriſoit plus
fortement ſa coniecture pour ſon

Iſle, qu'elle n'autoriſoit cele des
Suedois pour leur terre ferme.
Et il s'enſuiuroit de cela auſſi,
que l'Iſlande auroit peu eſtre
habitée long temps deuant la venüe des Geans Cananeens , dans
le païs du Nort.

XXXVIII. A vous dire ce
que ie pànſe de ceux qui recher-
chent trop exactement , quels
ont eſté les premiers hommes
qui ont repeuplé le monde a-
pres le deluge : Ie croy , Monſieur , que leur curioſité eſt vaine
& inutile , parce qu'on ne le
peut ſauoir : & que toute ſorte
d'hiſtoire nous manquant pour
cela , ce que l'on en peut dire,
n'eſt fondé que ſur des conjec-
tures , ou ſur le raport de quelque

Cronique , fabuleufe , ou hifto-
rique, mal conceüe , & plus mal
expliquée. En quoy ie ne pretàns
pas contredire le feul M. Angrimus, que i'honore, & que i'eftime
infiniment. Le vice eft general.
Il n'eft pas le premier qui a fait
fortir les premiers hommes du
Nort, des Geans Cananeens. Et
ce qui l'a d'autant plus engagé
dans cete erreur , fur l'opinion
receüe ; eft , qu'il a creu auoir
trouué quelques mots Iflandois,
qui auoient du raport auec quelques mots de la langue Hebraïque, que l'on a apelée , *le langage
de Canaan*, depuis que les Iuifs
fe ràndirent maîtres de la terre
promife , & qu'ils en chafferent
les Geans Cananeens. Mais le

bon homme n'a pas consideré,
que ces Geans ne parloient pas
Hebreu, que l'Hebreu leur estoit
estranger: Et qu'ils n'ont peu porter dans le Septàntrion, quand
mesme ils l'auroient habité, l'v-
sage d'vne langue , qu'ils n'en-
tàndoient , & qu'ils ne parloient pas.

XXXIX. Ce que ie dis
vous fera remarquer de sàmbla-
bles béveües, dans les escrits de
quelques sauâns hommes , &
grâns Critiques de nostre siecle,
qui ont cherché l'origine des
premiers peuples, dans l'origine,
ou dans l'etimologie de certains
mots , Alemâns , ou Hebreux,
qu'ils ont creu auoir quelque raport , ou auec le langage , ou

auec les noms de ces meſmes
peuples. M. Grotius a eſcrit dans
la diſſertation qu'il a faite de
l'origine des peuples de l'Amerique , que les Americains ont
eſté Alemâns d'origine ; par cete
raiſon , qu'ils ont beaucoup des
mots , qui finiſſent en *lan* : &
que *land* , eſt vn mot Alemân.
Et parce qu'il y a des peuples
dans l'Amerique , que l'on apele
Alauardes ; que M. Laet dit auoir
eſté ainſi apelez , d'vn Capitaine
Eſpagnol, nommé *Aluarado* , qui
les conquit. M. Grotius aſſeure ,
que les Americains *Alauardes* ,
ont eſté originaires Lombards ,
& qu'ils ont eſté apelez , *Alauardes* , de Lombards qu'ils eſtoient,
par la meſme corruption de lan-

gage, à ce qu'il dit, que les François d'aujourd'huy apelent *Hale-*
bardes , les armes des Lombards,
que les anciens François apeloient,
Lombardes.

XXXX. C'eſt ſur de pareil-
les origines, & ſur de ſàmblables
coniectures , que M. Bochard,
non moins ſauant que M. Grotius, a compoſé le docte liure
qu'il a fait , & qu'il a intitulé ,
Phaleg , parce qu'il contient le
partage , & les premieres habi-
tations de toutes les terres du
monde. Et ie ne puis aſſez ad-
mirer la ſubtilité de ſon eſprit,
dans la connoiſſance qu'il a des
langues Oriàntales , d'auoir trouué dans la langue Hebraïque,
l'interpretation des vers Cartagi-

nois qui ſe liſent dans le Pœnulus
de Plaute. Mais quoy que ſes coni-
iectures ſoient fort ingenieuſes,
ie ne ſaurois croire que ce Cartaginois ait eſté de l'hebreu. La
raiſon eſt, que Didon qui a ba-
ſti Cartage, eſtoit Feniciene :
Que le langage Fenicien a eſté
diferànt de l'Hebraïque ; & qu'il
ne ſe peut que le Cartaginois
que l'on parloit du temps de
Plaute, ait eſté, ie ne dis pas
de l'Hebreu, diferànt du Fenicien ; mais que ç'ait eſté le meſme Fenicien, que l'on parloit du
temps de Didon. M. Samuel Petit
autre ſauânt homme, & grád Cri-
tique, auoit trouué auant M. Bochard, vne autre explication de
Plaute, dans la meſme Come-

die, & d'autres paroles que cel-
les de M. Bochard. Ce qui me
fait croire qu'vn troifiefme in-
telligent comme eux dans la langue Hebraïque, trouueroit s'il
vouloit, vn troifiefme fens dans
le mefme Cartaginois de Plaute,
par des tranfpofitions de letres,
& de poincts, dont ces Mef-
fieurs fe font feruis, & que l'v-
fage permet aux Critiques de la
langue Hebraïque ; a qui l'on
fait dire, comme a des cloches,
tout ce que l'on veut, par vne
fàmblable liçance.

XXXXI. Vous excuferez,
Monfieur, la digreffion que i'ay
faite, parce que ie ne l'ay pas
creüe efloignée de mon fujet.
Et que le bon homme Angri-

mus dans l'etimologie qu'il a
cherchée de quelques mots Iſlandois chez les Hebreux , a ſui-
ui vne erreur ordinaire aux Doctes comme luy. Il n'en doit pas
éſtre creû , non plus que les autres ; puis qu'il n'eſt rien de ſi
trompeur , ni de moins ſolide ,
que des coniectures fondées ſur
de ſàmblables etimologies.

XXXXII. Ie croyois qu'An-
grimus Ionas feroit ſortir ſes premiers Iſlandois des meſmes Geans
Cananeens , qui auoient peuplé
ſelon luy-meſme , toutes les contrées du Nort. Mais il n'a pas
voulu que l'Iſlande ait eſté habitée de ce temps-là. Ce qu'il en a
dit eſt curieux , & merite de vous
eſtre eſcrit. Il dit que l'Iſlande a

efté premierement defcouuerte
par v.n Naddocus , qui aloit aux
Iſles de Fare , & fut ieté par la
tàmpeſte à la côſte Oriàntale de
l'Iſlande , qu'il nomma, *Snelan-*
de , à cauſe des hautes neges qu'il
y trouua. Mais Naddocus ne s'y
arreſta pas. Le ſecond qui la deſ-
couurit, fut vn Suedois nommé
Gardarus , qui ala chercher cete
Iſle , ſur ce qu'il en auoit oüy
dire à Naddocus, & l'ayant trou-
uée en l'an 864. y paſſa l'Hyuer , & apela l'Iſle *Gardarsholm:*
c'eſt à dire, l'Iſle de Gardarus. Le
troiſieſme qui la defcouurit, fut
vn Pirate renommé , de Noruege , nommé *Flocco* , qui ſe ſer-
uit d'vne inuàntion tres-bele,
pour trouuer cete Iſle , ſur le ra-

port

port qui luy en auoit esté fait.
On ne sauoit encore en ce
temps-là quoy que ce soit de
l'aiguille aimantée, ni de l'vsage
du compas. Et comme il aloit
d'vne Isle à vne autre, sans descouurir cele qu'il cherchoit. Il
prit trois Corbeaux, en partant
de l'Isle de Hetland, vne des
Orcades; & en lascha vn, lors
qu'il crût estre bien auant en mer.
Mais il connut qu'il n'estoit pas
si esloigné de terre qu'il pansoit,
parce que le Corbeau reprit la
route de Hetland, & s'y enuo-
la. Il poussa plus auant dans la
mer, & lascha le second Corbeau, qui roda de tous côstez,
& ne voyant pas de terre retourna dans le vaisseau. Il ne fut pas

F

trompé au troisiesme Corbeau,
qui descouurit l'Isle , & fondit
dessus. Flocco l'ayant suiuy des
yeux & des voiles ; car il auoit le
vànt fauorable ; aborda heureu-
sement à la partie Oriàntale de
Gadarslhom, où il passa l'Hyuer,
& le Printemps venu , se voyant
assiegé des glaces , que les Islandois apelent Groenlandiques, il
donna le nom *d'Islande* , à cete
Isle , qui signifie le païs des glaces. Et ce troisiesme nom luy est
demeuré. Flocco passa vn autre
hyùer dans la partie Meridionale de l'Islande ; mais n'y ayant pas
troùué son conte , non plus qu'à
l'Oriàntale, il retourna en Noruege , où il fut apellé, *Rafnafloke*:
c'est à dire Flocco le Corbeau,

à-cauſe des Corbeaux dont il
s'eſtoit ſeruy pour deſcouurir l'Islande.

XXXXIII. Le premier fon-
dateur des Iſlandois, eſt vn Ingulfe, Baron de Noruege ; qui
ſe retira en Iſlande auec ſon beau-
frere Hiorleifus, pour auoir tué
deux freres des plus grâns Sei-
gneurs de leur contrée. Et comme c'eſtoit la coûtume des ba-
nis de Noruege, d'arracher les
portes des maiſons qu'ils laiſ-
ſoient en leurs païs, & de les
emporter auec eux ; Ingulfe eſtant à la veuë de l'Iſlande, ieta
ſes portes dans la mer, pour a-
border où le hazard, & les flots
les pouſſeroient. Mais il arriua à
vn autre endroit, quoy qu'à la

meſme partie Meridionale de
l'Iſle. Il ne trouua ſes portes que
trois ans apres. Ce qui l'obli-
gea à changer de demeure , & à
s'arreſter au lieu où ſes portes
s'eſtoient arreſtées. Ingulfe & ſon
beau-frere , viſiterent premierement l'Iſlande , en l'an de Grace 870. Et ne l'habiterent que quatre ans apres , en l'an 874. qui eſt
l'Epoque determinée & definie,
dans les Annales de l'Iſlande ,
pour la premiere habitation de
cete Iſle. Et les meſmes Annales
aſſeurent , qu'Ingulfe trouua l'Islande *Inculte & deſerte*, lors qu'il y
arriua. On remarqua neanmoins,
que quelques Mariniers Anglois,
ou Irlandois , auoient mis au-
tre-fois pied à terre aux riuages

de l'Iſle , par quelques cloches,
par quelques croix , & par quelques autres ouurages faits à la
mode d'Irlande & d'Angleterre,
que l'on y auoit laiſſez , & quelques liures qui y furent trouuez.
On demeure auſſi d'acord , que
les Irlandois auoient fait diuerſes
deſſàntes dans cete Iſle , auant la
venüe d'Ingulfe. Et leurs Annales raportent , que les anciens
Iſlandois apeloient ces Irlandois,
Papas. Et nommerent la partie
Occidentàle de l'Iſlande , *Papey*,
parce que les Irlandois auoient
acouſtumé d'y aborder , comme
à la plus proche , & à la plus
commode.

XXXXIV. Or , Monſieur,
ſur ce que les Annales d'Iſlande

asseürent constamment, que l'Islande estoit *inculte & deserte*,
lors qu'Ingulfe y arriua; Angrimus Ionas asseure fortement aussi,
que l'Islande n'a iamais esté habitée auant ce temps-là. Et le bon
homme s'emporte auec passion
contre tous ceux qui disent le
contraire. C'est vn plaisir de lire
ce qu'il a escrit dans son *Specimen
Islandicum*, contre Pontanus, &
contre les Auteurs que Pontanus a aleguez, pour prouuer que
l'Islande estoit l'anciene Thulé,
de laquelle Virgile disoit à Auguste. *Tibi seruiat vltima Thule.*
Car dit-il, si nostre Islande estoit
cete *vltima Thule*, elle auroit
esté habitée au temps d'Auguste.
Et que deuiendroit la foy de nos

Annales , qui affeurent qu'elle
n'a efté habitée qu'au temps d'Ingulfe ?

XXXXV. Mais ie le prie
de fe reffouuenir de ce qu'il a luy
mefme efcrit , & que ie viens
d'aleguer ; que des mariniers Irlandois auoient acoûtumé de
metre pied à terre en Iflande,
auant la venuë d'Ingulfe, & que
les anciens Iflandois apeloient ces
Irlandois, *Papas.* Ie le prie de me
dire , qui eftoient ces anciens
Iflandois ? l'acorde à Angrimus
que l'Iflande ne fut abfolument
Chreftiene , que quelques années apres la defsànte d'Ingulfe.
Mais il ne peut pas nier, qu'il
n'y euft en ce temps-là beaucoup
de Chreftiens dans la contrée

du Nort. Les Irlandois l'eftoient,
Et Ingulfe en trouua des marques,
en arriuant à l'Ifle. La Crimogée
remarque , que le beau-frere
mefme d'Ingulfe, qui aborda l'Islande auec luy , s'il n'eftoit pas
Chreftien , auoit des fàntimàns
Chreftiens. Et il eft certain que le
Chriftianifme eftoit en ce temps-
là refpàndu dans toutes les contrées du Septàntrion, & dans l'Islande nommément. Ce que ie
demontreray vn peu plus bas. Or
cela eftant, quel temps veut donner Angrimus à ces Iflandois payens , qui eftoient fi fort ata-
chez à leurs ancienes Religions ?
& principalement à cele de leur
Odin, par lequel ils iuroient, &
qu'ils apeloient le grand Protec-

teur Aſiatique. Il eſt certain que
de toutes les ſuperſtitions Paye-
nes, les plus ancienes, ſont les
ſacrifices des hommes. Et i'ay
fait voir cy-deſſus, qu'ils ont eſté
pratiquez auec grande deuotion
parmy les Iſlandois. Leurs Annales diſent qu'en la partie Occidàntale de l'Iſlande, il y auoit
vn Cirque, au milieu duquel
s'éleuoit vn grand Rocher, où
ils eſcraſoient les hommes, & ver-
ſoient le ſang en ſacrifice à leurs I-
doles. Ces meſmes Annales remar-
quent, que cete coutume ayant
eſté abolie dans l'Iſlande, comme
elle fut par tout ailleurs, le Rocher retint pluſieurs ſiecles apres,
la couleur rouge du ſang humain
qui y auoit eſté reſpandu. Ie de-

mande à Angrimus : quel temps
il veut donner à ces *Plusieurs sie-*
cles ; dont ses Annales mesmes
font mantion ? Et ie luy demande , en quel temps ont esté in-
uàntées les Fables de l'Edda , qui
font si ancienes , & si nées auec
les Islandois , qu'elles ne font
presque point connües des autres
peuples du Nort , & du tout
point de toutes les autres Nations
du monde.

XXXXVI. Adioûtons à
cela , Monsieur, que les Annales d'Islande, où se lifent les vo-
yages de Naddocus , de Gardarus , & de Flocco , auant celuy
d'Ingulfe , ne difent point que
l'Islande estoit deserte lors qu'ils
y arriuerent. Flocco y a vescu

deux ans entiers. Et il eſt à preſumer qu'il y a veſcu des commoditez qui ſe trouuoient dans vn païs habité. Mais que dira Angrimus à ce qu'il a dit : Que les Iſlandois ont eſté ſi curieux, qu'ils ont recueilly dans leurs Annales toutes les hiſtoires des peuples de l'Europe : Et pour me ſeruir de ſes propres termes ; Qu'ils ont eſté, *Ad totius Europæ res hiſtoricas Lyncei.* C'eſt ce qu'Herodote & Platon ont eſcrit des Egyptiens : Qu'ils auoient dans leurs Biblioteques les ancienes Hiſtoires de toutes les contrées du monde; Et que c'eſtoit par cela meſme que les Egyptiens pretandoient prouuer l'antiquité prodigieuſe de leur nation. Pour autoriſer ce qu'An-

grimus a dit de ſes Iſlandois ; ie
vous diray à çe propos, que le
Docteur Vormius à vne copie
Iſlandoiſe des Annales de la partie
Occidàntale de l'Iſlande , qu'il
m'a leüe & expliquée en diuers
endroits. I'y ay remarqué diuerſes hiſtoires de Noruege , de Danemark , de l'Angleterre , des
Orcades , & des Hebrides ; &
entr'autres , l'irruption des Nor-
mâns dans noſtre Normandie ,
qui eſt ſans date. Apres laquelle
vient la deſſànte d'Ingulfe dans
l'Iſlande, D'où il s'enſuit , qu'il y
auoit des Eſcriuains , & des Cro-
niqueurs dans l'Iſlande , auant la
venuë d'Ingulfe. Et que l'Iſlande eſtoit par conſequant habitée auant ce temps-là.

XXXXVI. Ie croy que les Annales d'Islande qui sont màntion d'Ingulfe, & que cite Angrimus, sont veritables. Ie croy qu'Ingulfe n'est venu en Islande qu'en l'an de Grace 874. Et il s'est peu faire que les endroits de l'Isle Meridionale où il aborda estoient inhabitez, ou par quelque grande mortalité, ou parce que des Pirates en auoient exterminé les habitans : Mais il ne s'ensuit pas de là, que toute l'Isle fust inhabitée. Il est certain qu'Ingulfe seul ne la pas peuplée. Car les Annales mesmes d'Islande asseurent, que diuerses Nations voisines & Meridionales, en ont peuplé diuerses parties. Entre lesquels Angrimus specifie vn ha-

tant des Hebrides nommé *Kalmannus* , & dit expreſſément,
que ce fut le premier qui s'arreſta
à la partie Occidantale de l'Islande. Il eſt remarcable , qu'Angrimus ne raporte aucune date
de la venuë de Kalmannus , non
plus que de quantité d'autres Irlandois , Eſcoſſois , & Orcades ,
qui ont habité les autres parties
de noſtre Iſle. Et cecy me fait
croire , qu'il faut diſtinguer les
Annales de l'Iſlande , ſelon qu'elle a eſté Payene , ou Chreſtiene. Les Annales de l'Iſlande
Chreſtiene , ſe doiuent pràndre
à la venüe d'Ingulfe. Ce que
l'Ere Chreſtiene marque euidàm-
ment , par l'an de Grace 874.
Les Annales de l'Iſlande Payene,

n'ont pas de date, & sont d'vn
temps indéfini.

XXXXVII. Cela posé, &
entàndu de cete sorte, il n'est
rien de si aisé que de concilier
l'Islande Payene auec l'islande
Chrestiene, que d'acommoder
les Annales de l'vne auec les
Annales de l'autre ; que d'a-
corder Angrimus auec Angrimus
mesme ; & de l'acorder particulierement auec Pontanus, qui
veut que l'Islande d'auiourd'huy
soit la *Thule* des Anciens : & le
prouue par quantité, d'autoritez,
prises de diuers Auteurs Grecs,
& Latins ; de l'Histoire d'Adam
de Breme, qui a escrit en l'an
de Grace 1067. de Saxo Grammaticus, qui l'a suiuy de prés;

d'Andreas Velleius, qui a traduit le Saxo en Danois, & qui
a toujours pris dans sa traduction
les *Tylenses* de Saxo, pour les
Islandois d'auiourd'huy. Qu'Angrimus ne die pas qu'Adam de
Breme a escrit des sotises dans
son Histoire. Et cele-cy entr'autres. Que de son temps cete vieille tradition estoit receüe, qu'il
y auoit en Islande des glaces si
ancienes, & si seches, qu'elles
bruloient quand on les jettoit
dans le feu, comme le charbon
que les Flamans apelent *Houille.*
Il ne s'agit pas icy de la sotise
simplement. Il n'est question que
de l'antiquité de la sotise, & du
temps qu'elle a este creüe. Car
plus la sotise est grande, plus
nous

nous deuons presumer que le
temps est vieil, qui l'a mise en
credit. Et cele-cy nous oblige
d'autant plus à croire, que l'Islande estoit cönüe de toute an-
cieneté. Angrimus dira que les
Auteurs Gres & Latins se seroient
trompez en la situation precise de
l'Isle de Thule, s'ils l'auoient pri-
se pour l'Islande. A quoy ie res-
pons, que les mesmes Auteurs
ne se sont pas moins trompez
dans la description de beaucoup
d'autres endroits, dont eux &
nous demeurons d'acord. Il n'est
pas icy question de sauoir, si ces
Auteurs ont descrit precisément
l'Islande, tele qu'elle a esté, ou
qu'elle est maintenant : Mais si
l'Islande qu'ils ont voulu descrire

a esté cele dont il s'agit : Et si l'Islande qu'ils ont cherchée, a esté cele que nous auons.

XXXXVIII. Ce qui m'oblige d'autant plus à croire, que c'est la mesme dont nous parlons, est, que Casaubon le croit ainsi : Et qu'il a decidé dans les doctes Commantaires qu'il a faits sur Strabon, que la Thulé de ce grand Geografe, est l'Islande d'auiourd'huy. La chose mesme autorise cete croyance : En ce que l'Islande est mise auiourd'huy, comme autre fois, par tous les Geografes, à l'extremité de l'Ocean Deucaledonien, ou d'Escosse, qui est le Britannique. Et que la Thulé des Anciens a esté creüe la derniere des Isles Bri-

tanniques. C'eſt vne choſe con-
nuë de tous , que l'Eſcoſſe a eſté
apelée Caledoniene , du nom de
la grande foreſt Caledoniene , de
qui il ne reſte maintenant que
le nom , & pas vn arbre dans
toute l'Eſcoſſe. Seldenus a eſcrit , que les Eſcoſſois Sep-
tàntrionaux ont eſté apelez, *Deu-*
caledoniens : C'eſt à dire en leur
langue , noirs & ſombres Caledoniens. Et c'eſt de là ſans doute,
que l'Ocean qui l'aue l'Eſcoſſe
Septàntrionale , & ſes Iſles voiſines , a eſté apelé *Deucalodonien;*
ſoit pour les ombres perpetueles
qui couurent cete mer, ſoit pour
l'eſpaiſſeur de l'air qui la ràmd
peſante. A cauſe dequoy Pline
l'a apelée , *Mare pigrum.* Et A-

dam de Breme, *Mare jecoreūm,*
& pulmoneum. Parce que cete
mer a de la pêne à s'émouuoir;
& qu'elle ne court non plus que
si elle estoit asmatique. C'est dans
ce mesme sens que Plaute a dit
d'vn mauuais pieton, qu'il auoit
des pieds pulmoniques.

Pedibus pulmoneis mihi aduenisti.

XXXXIX. Angrimus se laisseroit persuader que l'Islande seroit la mesme que l'anciene Thulé, s'il pouuoit estre conuaincu,
que son Isle eust esté habitée
auant la venüe d'Ingulfe. Et
quóy que les preuues que j'en ay
raportées le deussent plénement
satisfaire; Ie luy vay d'abondant

faire voir , que l'Iflande eftoit
habitée auant ce temps-là, par
d'autres raifons bien preffantes.
I'ay deux Croniques du Groenland en langage Danois. L'vne
eft en vers, & l'autre en profe. La
Cronique en vers commance fon
Hiftoire par l'an de Grace, 770.
que le Groenland fut defcou-
uert. Et la Cronique en profe
raporte, que celuy qui partit de
Noruege pour aler en Groenland, paffa par l'Iflande: Et marque
expreffément, que l'Iflande eftoit
habitée en ce temps-là. D'où il
s'enfuit , que l'Iflande n'a pas
commancé d'eftre habitée en l'an
de Grace 874.

L. Angrimus dira , que ma
Cronique Danoife ne s'acorde

pas auec ſa Cronique Iſlandoiſe,
qui porte que le Groenland ne fût
deſcouuert qu'en l'an de Grace,
982. ni habitée qu'en 986. Mais i'a-
puyeray ma Cronique Danoiſe de
l'autorité d'Anſgarius, grand Pre-
lat, & François de nation, que
tout le monde Arctique recónoit
pour ſon premier Apoſtre. L'Empereur Louis le Debonnaire, le fit
Archeueſque de Hambourg : Et
eſtàndit la juriſdiction de ſon
Archeueſché, par toutes les contrées du Nort, depuis l'Elbe,
iuſqués à la mer glaciale, & au
delà. Les Letres patàntes de l'Empereur, qui erigerent Hambourg
en Archeueſché, & qui firent
Anſgarius Archeueſque de Hambourg, ſont de l'année 834. El-

les furent confirmées & ratifiées
par le Pape Gregoire I V. l'an=
née apres , 835. Pontanus raporte l'original des Letres patantes de
l'Empereur , & de la Bulle du
Pape , confirmatiue de ces Letres , dans le liure 4. & dans
l'année 834. de ſon Hiſtoire Danoiſe. Or il eſt dit expreſſément
dans les Letres patantes. *Que la
porte de l'Euangile auoit eſté ouuerte ;
Et que Ieſus-Chriſt auoit eſté annon-
cé dans l'Iſlande , & dans le Groenland* , dequoy l'Empereur rànd
particulierement graces à Dieu,
dans ces meſmes Letres.

LI. Ce qui prouue deux choſes. L'vne , que l'Iſlande eſtoit
habitée & Chreſtiene , auant
l'année 834. & quarante ans a-

uant eele de 874. qu'Ingulfe l'habita. L'autre, que le Groenland estoit habité, & Chrestien, auant la mesme année 834. Et se raporte auec ma Cronique Danoise, qui pose la descouuerte du Groenland, en 770. Angrimus ne sachant que dire à cela, dit neanmoins, qu'il doute que la Bulle de Gregoire IV. aleguée par Pontanus, soit originale, & croit que ce n'est qu'vne meschante copie, Il me permetra de luy repliquer ; Qu'il n'a pas fait consister le veritable honneur de l'Islande, là où il le deuoit poser. Il a creu qu'il estoit obligé à soutenir la verité pretàndüe de ses Annales. Et il auroit esté beaucoup plus auanta-

geux pour luy , d'auoir renoncé
à ses Annales , que d'auoit voulu oster à son Isle , qui est sa
patrie , cete bele Couronne de
vieillesse , qui a blanchy dans
les glaces qui l'enuironnent depuis tant de siecles. Qui ne sait
que le siecle d'Ingulfe estoit vn
siecle de barbarie pour les Letres ? Les Gots ont esté acusez
de l'auoir introduite en ce temps-
là par toute l'Europe. Et les mesmes Gots ne se doiuent pas scan-
daliser , si on leur dit , qu'elle
estoit en ce temps-là chez eux ,
comme dans son Thrône. Qui
me voudroit obliger à croire tout
ce qui est escrit dans les Croniques
d'vn siecle si peu esclairé, me per-
suaderoit aussi aisément toutes les

folies qui se lisent dans nos Ro-
mans, d'Oger le Danois, des
quatre fils Aymon, & de l'Ar-
cheuesque Turpin, qui sont, où
de ce mesme temps, ou qui n'en
sont pas esloignez.

LII. Ie souhaiterois, Monsieur, que vous eussiez leu les liures d'Angrimus Ionas, que ie
n'ay eu le moyen que de par-
courir. Vous y remarqueriez sans
doute, beaucoup de raisons que
i'ay obmises, pour l'antiquité de
l'Islande. Il vous sera aisé d'auoir
le *Specimen Islandicum*, imprimé
à Amsterdam, en 1643. Ie ne
say si la Crimogée sera si faci-
le à recouurer. Cele que i'ay leüe
a esté imprimée à Hambourg,
en 1609. Vous prandrez plaisir

de lire ces liures ; si l'vn & l'autre vous tombent en main. Et ie
vous y renuoye pour auoir vne
connoissance plus exacte de ce
que ie vous ay succinctement
escrit : Qui est tout ce que i'ay
peu apràndre de l'Islande , di-
gne comme i'ay creu, de vous
estre communiqué. Ie vous en-
uoyeray la Relation du Groenland , si vous me tesmoigniez
que cele-cy ne vous a pas esté
desagreable. I'auoüe , Monsieur,
que pour la presànter à vne per-
sonne de la haute estime , & de
la grande reputation que vostre
vertu, & les liures excellàns que
vous donnez tous les iours au
public vous ont acquise , je de-

uois aporter plus de soin que
ie n'ay employé à la polir. Mais
ie deuois auoir aussi plus de temps,
& plus de repos, que ie n'ay eu
pour cela. Souuenez vous ie vous
prie, que vous m'auez obligé d'en-
treprandre cét Ouurage ; & que
vous estes par cela mesme obligé
d'en excuser les defauts. Faites
moy l'honneur aussi de me croire,

MONSIEVR,

Vostre tres humbble &
tres obeïssant seruiteur
LA PEYRERE.

Escrit la premiere
fois, de Copenha-
gue, le 18. Decem-
bre, 1644.

PERMISSION
de Monſieur le Lieutenant Ciuil.

IL eſt permis à Thomas Iolly, & Louis Billaine, Marchands Libraires, d'imprimer la Relation de l'Islande : Compoſée par le Sieur LA PEYRERE. Fait ce 3. Septembre, 1663.

Signé, D'AVBRAY.